建设学习型党组织推荐读物

研究型领导

YANJIUXING LINGDAO

孟庆春◎著

中国长安出版社

图书在版编目（CIP）数据

研究型领导／孟庆春著．—北京：中国长安出版社，2011．6

ISBN 978－7－5107－0343－0

Ⅰ．①研…　Ⅱ．①孟…　Ⅲ．①领导学　Ⅳ．①C933

中国版本图书馆 CIP 数据核字（2011）第 113183 号

研究型领导

孟庆春　著

出版：中国长安出版社

社址：北京市东城区北池子大街 14 号（100006）

网址：http：//www．ccapress．com

邮箱：ccapress@yahoo．com．cn

发行：中国长安出版社

电话：（010）85099947　85099948

印刷：三河市明华装订厂

开本：700 毫米×1000 毫米　16 开

印张：14．75

字数：225 千字

版本：2012 年 5 月第 1 版　2012 年 5 月第 1 次印刷

书号：ISBN 978－7－5107－0343－0

定价：29．80 元

前　言

一、领导者应该自觉地向“研究型”转变

2010年2月，中共中央办公厅印发了《关于推进学习型党组织建设的意见》，并发出通知，强调各地区各部门结合实际认真贯彻执行，要求领导干部要“努力成为建设学习型党组织和学习型领导班子的精心组织者、积极促进者、自觉实践者”。面对日新月异的科技进步和不断深化的社会变革，每一位领导干部都应该把学习与研究当成一种工作责任、一种生活态度、一种精神追求，并把这种理念内化为一种激情，外化为一种习惯。

经过调查发现，有不少领导干部仍在一种“经验式”、“非理性”和“无意识”的状态中进行领导工作。事实上，他们的工作热情不可谓不高，责任心不可谓不强，工作也不可谓不辛苦，一心想把工作做好。可是，结果却并不理想甚至事与愿违。其主要原因，则是他们平时不大注意研究“情况变化”后对领导方式方法提出的新要求，对学习和掌握科学领导方法的重要性、紧迫性认识不足，习惯于“用老方子治新病”，凭老经验办新事；如此，怎么能产生出好的工作效果呢？这种苦干有余、巧干不足的“苦力型”领导者，在大力倡导科学管理、科学领导的今天，已显得有些落伍。

如今，是一个要求领导者尽快向“研究型”转变的时代。对此，领导者应该自觉强化在研究状态下工作的意识，善于从研究

的角度理性思考各种问题，懂得当好一个领导者不能只靠加班加点，也不能只靠那些“老经验”，而是通过自我学习、参加实践等形式，努力把自身的领导行为和管理研究融为一体，尽快实现自身素质的转型与提高。

美国管理学家丹尼尔·A·雷恩对领导的含义，是这样表述的：“领导就是使用权威与决定”；“领导是对一个组织起来的集体树立目标实现目标的活动施加影响的过程”；“领导是一项程序，是在目标的选择和达成问题上接受指挥、指导和影响”；“领导是一种说服别人热诚的追求已经确定目标的能力”。

从此含义出发，作者在广泛搜集、分析资料的基础上，对“研究型领导”做了这样的解释：研究型领导就是具有较强的研究意识和研究能力的领导者。他不同于一般的领导学理论研究者，因为他有丰富的领导工作经验；他也不同于一般的有经验的领导者，因为他对领导学有着强烈的研究意识，并在领导理论与实践研究方面形成了自己的特色。

至于研究型领导者的特质，作者认为应该具备：良好的智力因素和必要的非智力因素，而且不是简单的坐而论道，而是勤于探索，勇于创新；其成长目标应是推动社会进步与发展、身上寄托着时代和社会重塑卓越领导者的理想与希冀。鉴于此，在本书第二章将其奋进目标确定并详述为：过人的眼力、四射的魅力、超强的能力、十足的魄力、超常的约束力、专注的定力、共仰的威力和敏锐的辨力。相信只要领导干部不懈努力，是能够做得到的（有的领导干部已经具备或在某些方面达到了研究型领导的水准）。

二、研究型领导所应持有的学习、研究和实践态度

1. 学习态度，本身反映出是否勇于承担历史责任

古人云：“勤学如春起之苗，不见其增，日有所长；辍学如

磨刀之石，不见其损，日有所亏。”由于长期忽视学习，致使一些领导干部理论水平低、文化素养差，思想境界不高，工作穷于应付；个别领导干部丧失原则，在糖衣炮弹面前打了败仗，成了人民的罪人。

“眼前直下三千字，胸中全无一点尘。”知识源自学习，高尚的人生境界得益于学习。特别处在当今时代，知识老化速度快、更新快。我国著名社会学家邓伟志主编的《21 世纪预测》一书中指出：最近 30 年产生的知识总量，等于过去 2000 年产生的知识总量的总和，到 2020 年，知识总量将是现在的 3 ~ 4 倍，到 2050 年，目前的知识将只占届时知识总量的 1%。良好的知识素养是对现代领导者最起码的要求和对业绩考核的指标。须知，一个人天资聪颖不能代替后天的努力；职务的晋升不能带来智慧和水平的自然提高；较高的文化和专业知识水平，不能替代马克思主义理论水准。因此，领导干部应该切实地把勤奋学习作为一种政治责任，努力做到学习新知识、增长新本领、创造新业绩。清代思想家梁启超先生说过，“人生于天地之间，各有责任。一家之人各个放弃责任，则家必落；一国之人各个放弃责任，则国必亡。”所以，领导者应该承担起党和人民赋予的历史责任。同时，要在学习中注意优化知识结构，在广博的基础上求专求精。领导干部履职的现实表明，有的干部当副职很称职，但当正职就不行了；有的干部干到一定职位就潜力很小了。这当然有诸多因素，但最关键最根本的还是理论功底不足。琢磨起来，学习可以使领导干部立身兴业，学习可以增强领导干部的自信，学习可以给领导干部机遇。

2. 研究态度，本身反映出是否欲高质量地完成工作

在学习中思考，在思考中创新，是学习的真谛之所在。思考的过程，也是研究问题的过程，必须以深入的调查为基础。调查研究是一种科学的学习方法和工作方法，是弘扬求真务实精神的重要途径，是成就一桩桩事实的基础。因此，领导干部尤其要在

调查研究中着力提高三种能力：一是提高发现问题的能力。领导干部必须思想敏锐，俗话说：凡事预则立，不预则废。善于透过现象看本质，能够及时发现问题，果断解决问题，这实质上是对领导水平的检验。二是提高研究问题的能力。有研究者把调查视为“开矿”、把研究视为“冶炼”，这样比喻充满哲理。所以，领导干部既要乐于躬身深入调查，又要勤于潜心思考钻研，养成不得真理不甘心的习惯。尤其要经常把自己的实践总结和理性思考，写成调查报告或论文。这一方面是总结提高的过程，一方面是指导工作的过程。三是提高解决问题的能力。积极适应时代发展和形势变化的需求，以敢为人先的勇气和锲而不舍的精神，大胆探索，顽强拼搏，不断研究新情况、解决新问题、开创新局面。其实这三种能力，就是我们领导干部提出问题、分析问题、解决问题的能力。

3. 实践态度，本身反映出是否将创新作为毕生追求

衡量领导干部理论水平的高低，不仅要看掌握了多少理论知识，更要看能不能把所掌握的理论运用到实践中去，有效地解决改革发展稳定中的实际问题。南宋陆游诗云：“纸上得来终觉浅，绝知此事要躬行”，他也强调亲身的实践。我们在工作的实践中发现，凡是把理论与实践结合得好的干部，都成长得快、能力强，提拔后打开工作局面也快，取得的工作成绩也比较明显。因此，领导干部应当把学习理论与自己的思想实际结合起来，与本地区、本单位工作实际紧密结合起来，增强学习的针对性和实效性，真正做到学以致用。

实践已经回应：守旧是落后的根源，创新是进步的动力。在实践基础上的科学创新，应该列为每一位领导干部的毕生追求。对于领导干部来说，现实工作中有许多难题，如果领导干部墨守成规，就很难取得大的突破，没有突破又何谈发展啊？这就需要每一位领导干部，认真研究解决影响改革发展稳定的深层次矛盾和问题，影响群众生产生活的突出矛盾和问题，不断提高干事创

业能力，勇于创新工作的方式方法。

三、领导干部要养成在研究状态下工作的习惯

对于领导工作中的各种难题，原全国人大常委会副委员长姜春云在《桥和船》一书的序言中指出：“领导工作千难万难，方法对头就不难，领导工作再忙再乱，方法对头就能举一反三；领导工作容易陷入被动，方法对头就能赢得主动。”推敲起来，提炼得非常科学。为此，领导干部要把改进和创新领导方式方法，作为提高党的执政能力和领导水平，特别是做好一线领导工作的突破口和切入点。

那么，如何学会在研究状态下从事领导工作呢？对此，本书在第三章提出了领导干部应在研究状态下“用权”；在研究状态下“用人”；在研究状态下“激励”；在研究状态下“凝聚”；在研究状态下“协调”；在研究状态下“决策”的诸方面主张和措施。领导者学会在研究状态下进行领导工作，除了在思想上要树立这种意识外，关键还要掌握其方法。鉴于此，在本书第四章里将其归结为“反思研究法”、“行为研究法”、“经验总结法”、“个案研究法”等。这样既能帮助领导干部解决自己身边的问题，又能帮助其在研究状态下找到从事工作的方法。

可以说，领导干部要养成在研究状态下工作的习惯，需要有一段较长的时间。按照巴甫洛夫的观点，习惯是条件反射长期积累、强化以至成为一种“动力定型”的结果。这就要求领导干部时时、处处、事事以研究的心态去对待问题，以研究的目光去审视问题。确切些说，就是领导干部要自觉养成在研究状态下学习的习惯、用人的习惯、决策的习惯、管理的习惯，等等。对此，本书第五章撰写了“如何养成在研究状态下工作的习惯”。只要我们这样坚持下去，就会使自己逐渐成为一名与时俱进的研究型、专家型的领导干部。

“人才与国相始终，千古兴亡鉴青史。”从某种意义上说，一部中国的历史就是一部用人史。国家的发展，科技的进步，人才是基础；实施科教兴国和可持续发展战略，人才是支撑。领导干部应以创新的理念、创新的精神、创新的手段，建立和完善领导干部研究型人才的培养体系，以便创造人才辈出和成果不断涌现的崭新局面，为新时期向第三步战略目标迈进提供创新成果和创新人才的双重贡献，这应该是我国社会主义现代化建设进程中的紧迫任务。

孟庆春

写于2011年5月1日

目　录

第一章

研究型领导才能
适应新时代发展的需要

当前，我们要按照党和国家对领导干部素质提出的新要求，通过自我学习、自我提高等形式，善于从研究的角度理性思考各种问题，努力把自身的领导行为和管理研究融为一体，尽快实现自身素质的转型与提高。

因为，时代要求领导者应当尽快地从“苦力型”领导向“研究型”、“专家型”领导转变。

一、“苦力型”领导已显落伍

众所周知，我们现在所处的时代，是信息时时更新的时代，这就需要领导干部不断学习，补充知识。“当今时代，知识更新速度大大加快，新事物层出不穷。不加强学习，就会知识老化、思想僵化、能力退化。”① 工作上就无所创新、甚或停滞不前。伴随着科学技术的迅猛发展，党的创新理论在实践中不断产生出来。面对工作中不断出现的新形势、新情况、新问题，领导干部只有加强学习，才能适应新形势的发展变化，才能适应新形势提出的新要求。

然而，当前有不少领导者仍在一种“经验式”、“非理性”和“无意识”的状态中进行领导工作。这种苦干有余、巧干不足的“苦力型”领导者，在大力倡导科学管理、科学领导的今天，

① 《张高丽在天津市委九届六次全会上的讲话》，《天津日报》2009 年 10 月 18 日。

已显得有些落伍。[1] 因此，领导者面对新形势，应该自觉地强化在研究状态下工作的意识，善于从研究的角度理性思考各种问题，懂得当好一个领导者不能只靠加班加点、不能只靠工作热情，而是要靠科学发展观为工作的指导，要靠持之以恒的学习、研究才能学有所得，学有所长；更要知道，学习和研究是做好领导工作的基础和保证。

同时，领导者还要经常地从大家的成功经验和失败教训中归纳出一些带有规律性的东西。在此过程中，如果他找不到几招对自己真正有用且又符合工作规律的东西，那他就只能在“苦力型”领导的层面上徘徊下去了。那么，怎样去借鉴别人的工作经验呢？可以说，别人的经验是多种多样的，主要是借鉴能补己之短的那部分经验。诚然，谁的经验都带有个性特色和时空局限性，所以绝不能生搬硬套别人的经验，“生搬硬套”的结果有可能变成自己的失败教训。面对别人的成功经验，只有进行“嫁接”、“再生”与创新，这样别人的经验才可能成为自己的经验。

不仅如此，作为一个领导者还要勤于和善于积累各种工作经验（包括思想积累、知识积累、能力积累、心理积累和经验积累）。领导者只有学会结合自己的本职工作和个人所长进行定向积累，才容易“积”出成效，“累”出智慧。其实，经验都是一点一滴积累起来的，那些来自大家的点滴经验，如果不及时将它们收集起来，就会与我们失之交臂。我们只有源源不断地把各种经验及时、不断地输入自己的“经验库”里，这样才容易进入那种日久生智的工作境界。

事实表明，领导者开展工作的过程，也就是对工作的“总结”和“运用”的过程。一个明智的领导者就应该把自己和别人的一些行之有效的工作经验，适时地运用到自己的工作之中，并且要自觉地淘汰那些过时的经验，让自己养成一种在研究状态

① 况晨光：《领导者应学会在研究状态下工作》，《领导科学论坛》2007年第3期。

下工作的习惯，成为一名能“与时俱进”的研究型、专家型的领导者。

二、领导者应不断更新和升级自己的“内存”

对于“内存”这个词儿，现在的领导干部已不再陌生了。但不陌生，并不等于“内存”就足了，事实上为数不少的领导干部“内存”已明显不足，其主要原因在以下几个方面。

（一）学习意识不强

一般来说，现在的领导干部显然不是二十世纪七八十年代、乃至九十年代领导干部的文化程度了。可以说，大都具备了从事领导角色的文化水平和专业知识。正因如此，有的领导干部在学习问题上存在种种认识上的误区，认为经济工作是硬任务，非完成不可；而理论学习则是软性要求，学不学无碍政绩，所以常常对理论学习敷衍了事。

由于自我学习的“偷工减料”，也就自然形成了能力方面的“营养不良”。这种能力方面的“营养不良”，反应在实际工作中，就时常显现出底气不足、捉襟见肘的窘态，接连亮出“内存”不足、知识“透支”的红灯。

（二）理性思考不够

“研究新情况，解决新问题，既是一种社会实践活动，也是一个理性思考过程，是知与行的统一关系。”① 但是，在实际工作中，有的领导者只注重埋头干事，不善于理性思考问题，因而干工作不能抓住事物发展的本质规律，作决策不能把握与时俱进

---

① 傅云生：《领导干部应扩充“内存”、升级“软件”——读柳宗元“三戒”有感》，《徐州党建》2005 年 8 月 1 日。

的内在要求。不仅如此，还有的领导干部墨守成规，缺乏多谋善干的创新精神，不善于用创新的理论理清思路，用发展的观念破解各种难题，甚至在遇到困难和矛盾时手忙脚乱，拿不出解决问题的恰当办法。

（三）实践能力不足

有的领导干部对工作中的实践过程、实践意义认识不足，碰到难题往外推，遇到矛盾绕道走；有的领导干部本来工作经验就不足、缺乏实践锻炼，但却不愿意深入基层，而工作作风又不扎实、不深入，长此以往，不仅无法丰富实践经验，领导水平难以提高，而且还影响工作，贻误事业。

事实表明，如果一个人只会躺在现有的成绩上睡觉，那么就很容易形成惰性的习惯，就会在同一个层面上原地踏步，就难以有进步和提升，就不能应对不断变化的环境和形势，工作业绩不显著或在年终考核时被“刷下”。处在这样的窘境下，谁也救不了你了。

有一个人在屋檐下躲雨，看见观音正撑着伞走过来。这个人说：“观音菩萨，普度一下众生吧，带我一段如何?”观音说：“我在雨里，你在屋檐下，而屋檐下没有雨，所以你不需要我度。”这个人立刻跳出屋檐下，站在雨中：“现在我也在雨中了，该度我了吧?”观音说：“你在雨中，我也在雨中，我不被淋湿，因为有伞；你被雨淋，因为无伞。所以不是我度自己，而是伞度我。你要想度，不必找我，请自找伞去吧!”说完便走了。第二天，这人遇到了难事，便去寺庙里求观音。走进庙里，才发现观音的像前也有一个人在拜，那个人长得和观音一模一样。这人问：“你是观音吗?”那人答道：“我正是观音。”这个人又问：“那你为何还拜自己啊?”观音说：“我也遇到了难事，但我知道，求人不如求自己。”

从这个故事中不难看出，在任何情况下，求人不如求自己。因此，不断地扩充自己的“内存”、丰富自己“内存”的内容就显得非常重要。

正鉴于此，首先，要勇于自我反省，实现自我超越。曾子说过，人要每日“三省吾身”，这样才能做到无过。也就是说，我们要经常检查自己的不足，修正自己的错误。所谓“自省”，即是自我反思、自我批评、自我约束、自我监督。只有如此，才能找到自己的薄弱点和突破点，才能实现自我超越。

其次，要巧于自我“清空”，使自己的“内存”不断地更新、升级。现在形势的发展可称得上“日新月异”，伴之知识更新成几何级数增长。反映在对事物的评价上，就是很多过去我们认为好的、先进的东西，今天很可能已经过时；对自己的评估上，虽然自己现在还比较成功，但也随时有可能落伍。所谓“自我清空”，即是要求每过一段时间，对自己的知识、思想和行为“内存”进行一次清理，把那些没有用的、作用不大的或已经过时的东西“删除”，以便腾出更大的空间来装新的东西。一言以蔽之，我们领导干部必须在实践中不断淘汰旧知识、旧观念、旧习惯，接受新知识、新理念、新行为，使自己的“内存”不断地更新与升级。

马俊任安徽省砀山县县长期间，他曾说过：“我十分注意培养自己的超前意识。因为作为一个跨世纪的县长，不仅要了解过去，把握现在，还要预测未来，为创造更美好的明天打下基础、做好准备。所以我的这些超前思路，很快就被人们接受了。这样，我这个县长的影响力也就逐渐提高了。”①

马俊还认为，作为一个县长，重要的不在于在办公室里工作了多长时间，处理了多少具体的事情，而在于是否抓好了全县的发展大事。

第一，只讲中心，不可无序。马俊在工作中总是时刻提醒自己，要学习领会党的路线、方针、政策，落实上级的各项工作部署，在发展全县的经济中，把握全局和确定中心的工作。然后，

---

① 王鸿任：《马俊：一个县长的为官之道》，《中国人大》1999 年第 4 期。

及时通过县长办公会、常务会、全体会等会议形式作出相应的决定，排列出轻重缓急来。这样，在一个阶段内的政府工作，就能中心突出、条理清楚了，工作的预见性和主动性也就明显增强了。这样，县长就能在统管全局、抓大事上显示出高于领导班子其他成员的驾驭能力了。

第二，只抓两头，不管中间。马俊确定了每周一召开县长办公会，月初召开政府常务会议的例会制度，列出议题，形成相应的集体意见，然后由各副县长分头落实和执行，对中间环节的运作则不加干预，放手让各位副县长主动组织实施，充分发挥各自的主观能动性来。

第三，只抓大事，不问细节。一个县就是一个小社会，工农商学兵、农林牧副渔“五脏俱全”，要干的事情是很多的，县长个人的能力、时间、精力有限，不可能也不允许“事必躬亲”，避免陷入繁琐的具体事务之中，否则就难免误了大事。

第四，做走动式领导。迈开双脚走出办公室到基层去看看，到实践中去看看，掌握情况，调查研究，靠自己掌握真实的信息，到外地去看看，学习先进地区的经验。

第五，要善于重新“洗牌”，使自己走向人生的更高境界。当自己感到推动工作难时，就不应再抱住过去的老经验、老办法不放了，而应该换一种新的思路，打破以往的经验和做法，寻找新的解决问题的方法和途径。这时，领导干部一定要有勇气，要敢于否定自己、敢于打破惯性的思维方式，在自我否定之中重新调整自己，在更高层次上规范自己、完善自己，在脱胎换骨中创造全新的自己，使自己走向人生的更高境界。

总之，领导干部不能只靠那些“老经验”，而要针对新时期党和国家对领导干部素质提出的各项新要求，通过自我学习、自我提高等形式，努力把自身的领导行为和管理研究融为一体，尽快实现自身素质的转型与提高。

三、领导者在工作中要重视学习和研究

莎士比亚说过这样一句话："有的人天生就具备成为领导者的潜质，有的人则是通过后天的努力成为领导者。"而大量成功领导者的实例也证实了这点——我们完全可以通过后天的努力成为一名优秀的领导者。因此，领导者应该坚信领导力是可以提高的，只要不断修炼，领导力就必然会得到一个质的飞跃。[①] 作者认为，关键是要处理好以下三个关系。

（一）要处理好工作与学习的关系

其实，学习与工作并不矛盾，从某种意义上说，领导干部学习也是工作，因为领导干部的基本工作职责，也就是发现问题、研究问题、解决问题。而领导干部学习的目的，恰恰是为了提升解决问题的能力。因此，那么也就谈不上学习耽误工作、影响工作的问题；相反，学习更能促使工作越干越好、成效会越来越显著。所以，领导干部应该自觉地把工作当学问做，把工作的过程看作是学习、研究问题的过程，真正做到学习工作化、工作学习化，以强烈的责任感和进取心，去学习实践、去研究探讨问题，以谋求自我学习的实际效果、谋求最好的工作效果。

1998 年 7 月 4 日，暨南大学举行九八届博士生毕业典礼。中共江门市市委书记钟阳胜，头戴博士帽、身穿博士服出现在这届博士生毕业典礼上。人们普遍认为这是一位学者兼专家型的、跨世纪的领导干部的全新形象，所以他一露面就被各路记者包围了。须知，当时市级领导干部中有博士学位的还很少！

记者问钟阳胜：您已有一个中国社会科学院哲学硕士学位

---

① 许德军：《领导力决定竞争力》，当代世界出版社 2009 年 1 月版，第 2 页。

了，再拿一个博士学位，这种学历和其间的理论研究成果，对您的行政领导能力，会有多大的提高和指导？

钟阳胜回答：现代社会事物发展得很快，一个以知识为基础的知识经济时代正向我们迎面走来，人类社会已进入一个充满挑战与机遇的信息时代。我认为，学习是要把知识运用到实际工作中去。尤其对于领导干部，不学习，知识贫乏是做不好工作的。这是历史的要求，时代的要求。我过去有长期的基层工作实践的经验，也进行过较长时间的宏观经济政策研究，总想把这些知识和实践系统化和理论化起来，以增强自己对宏观经济的驾驭能力和经济建设的实践能力，提高工作的自觉性，减少工作的盲目性。

记者问钟阳胜：广东面对知识经济的挑战，对领导干部的素质提出了更高的要求，过去在粗放型经济发展时期成长的经验型领导干部，是否面临着一个更新知识，提高自我理论素质的问题？

钟阳胜回答：应该说，实践经验是非常宝贵的。在这一点上，我对珠江三角洲的干部是非常敬重的。但对于一个领导干部，仅有经验是不够的，还要有丰富的理论知识，这样才能适应跨世纪发展的要求。现在需要学习的东西层出不穷，所以学习是很重要的。

记者问钟阳胜：您每天用多少时间学习？主要读哪方面的书？英语水平怎么样？

钟阳胜回答：我每天至少有一小时读书，一般是中午休息 30 分钟，然后看书。主要是学政治、历史、经济、哲学、科技等方面知识。国内外的书都看。像《资本论》就至少读了三遍，还有毛泽东、邓小平的著作，也有国外的《世界经济史》、《历史与展望》这样的英文原著。我阅读英文原著不用查字典。我在中国社科院学习和工作时，就掌握了英语和德语。我经常看英语材料和专著，只有这样，才能紧跟世界发展的步伐。

（二）要处理好学习与思考的关系

法国作家伏尔泰曾经说过："书读得越多而不加思考，你就会觉得你知道得很多。而当你读书思考得越多的时候，你就会越清楚地看到你知道得还很少。"① 其实，人生最可怕的就是处于盲目状态，而积极思考可以征服消极心态，思考就是发挥主观的能动性。所以在工作中，领导干部要带着问题、带着目标去学习，从书本中走出来，看清周围的情况，不忽视问题的表象，领会问题的实质。对有的问题，可以想好了再做，也可以边做边想，这样才能真正把学习转化为能力，才能找到解决问题的方法和途径，才能把学习转化为工作创新。

（三）要处理好向书本学习与向实践学习的关系

"人类的知识可分为书本知识和实践知识。学习书本知识是借鉴前人经验、丰富自己的知识面的基本途径和步骤。实践是认识的基础，是获得真知的唯一途径。理论不经过实践检验，就不能转化为能力；知识不转化为能力，就没有力量。"② 对此，领导干部学习书本知识的目的，就是为了有效地指导工作的实践，而工作实践检验着学习的成效。只有书本知识或只有实践知识都是不够的，必须把两者有机地结合起来。

鉴于此，各级领导干部必须在深入调查研究的基础上，注重提高三种能力：一是提高发现问题的能力。领导干部必须思想敏锐，见微知著，善于透过现象看本质，能够及时发现问题，果断地解决问题，这是对领导水平干部的实际检验。二是提高研究问题的能力。调查是"开矿"，研究是"冶炼"，既要乐于躬身深入调查，又要勤于潜心思考钻研，养成不得真理不甘心的习惯。三是提高解决问题的能力。积极适应时代发展需求，以敢为人先

---

① 《"关于书的书"一书的格言》，电子图书·学校专集。

② 蒋建国：《论共产党员的学习》，《光明日报》2005年12月2日。

的勇气和锲而不舍的精神大胆探索，顽强拼搏，不断研究新情况、解决新问题、开创新局面。[1]

四、科学人才观要落实到“科班出身”上

自1949年以来，我国的干部队伍类型经历了几次转变。在建国之初多是“军人转业干部”，经济、文化、政治各行业的领导干部多是司令、军长、政委、师长出身。“文革”时期则是“工农兵干部”。党的十一届三中全会后、改革开放之初，干部奇缺，迫切需要大量年轻化、知识化的干部，由此也就形成了“工程师治国”的局面。

那么，什么才叫专家型的领导干部？过去有一个术语叫“科班出身”，例如学习农业的管农村工作，金融专业毕业的就去财政局当领导。有专业知识做支撑，做起工作来更得心应手。[2] 也就是说，一个地方要发展经济，就需要专家型的领导干部。例如，有一些单位争资立项的时候，如果领导干部不懂专业的知识，那么怎么才能立项，怎么才能获取上级领导、国内外投资方的信任和支持啊？因此，领导干部除了要具备过硬的行政管理能力之外，还必须要成为自己所从事行业的专业人才。

更为重要的是，党和国家强调领导干部的专业性，则是保证其对自己所从事工作的科学决策、准确预测、提升效能、开拓创新。

古人云：“向道有先后，术业有专攻”；“业精才能成事，博学方能多才”。党的十六大以来，新一届中央领导提出科学发展观的同时，在人事工作领域也提出了科学的人才观。随即，国务

---

① 梁开俭：《要做“三型干部”》，《武威日报》2010年5月31日。

② 周丽娟：《酉阳发展需要专家型干部》，《酉阳时评》2009年4月1日。

院各部委的新任部长中可谓真正做到了“五湖四海”。“有从内部晋升的，如外交部副部长杨洁篪（现为外交部长）、人事部副部长尹蔚民；有大型国企老总，如中国航天科技集团总经理张庆伟出任国防科工委主任；有大学校长，如同济大学校长万钢出任科技部部长；有从地方干部提拔的，如北京市委秘书长孙政才出任农业部长。”[①] 这些新任部长大多是专家型官员，本身就是各学术领域的翘楚：张庆伟是航天技术专家，曾任长征系列火箭的副总设计师；卫生部长陈竺组建了中国首个国家级基因组研究中心；孙政才是农学博士；万钢是汽车技术专家。他们的上位，实现了“内行领导内行”。[②]

每每说到国务院前副总理吴仪，每个中国人都是那样地耳熟能详，她曾经三度位列美国《福布斯》杂志“世界百强女性风云榜”三甲，素有中国政坛“铁娘子”之称。

吴仪总是以其丰富的专业知识、机敏的才智和坚定的原则性著称。但在必要时她也善于把原则性和灵活性结合起来做出必要的让步，所以终于在 1992 年 1 月 26 日率代表团与美国达成协议，签署了《中美关于知识产权保护的谅解备忘录》。

关贸总协定中国工作组主席吉拉德 1995 年在日内瓦会见吴仪时，对中国“复关”的诚意表示怀疑。吴仪当即义正词严地列举了一连串事实指出：这种怀疑是毫无根据的。并随即提出了一系列质询：“反过来，我倒怀疑某些缔约方对中国‘复关’是否有诚意?”以机敏的才智雄辩地击败了对方，并牵着对方的鼻子走，显示了其独特的才能。

在中国的“复关”谈判过程中，美国制造出一个所谓“对华贸易巨额逆差”问题，企图阻挠中国复关。1996 年 5 月 20 日吴仪在《人民日报》发表了题为《客观地评价中美贸易平衡问题》

---

① 马浩亮：《新任部长可谓“五湖四海”，专家型官员显用人新风》，《中国新闻》2007 年 10 月 13 日。

② 《香港大公报》2010 年 1 月 13 日。

的文章，以翔实和不容辩驳的统计数据、列表充分驳斥了所谓“美国对华巨额贸易逆差”的鬼话，深入分析了造成这种“差额”的客观因素，指出：所谓“美国对华巨额贸易逆差”，是因为中国对美国的出口，60%经过香港转口到美国的，转口过程中所包含的高比例增加值，被计入了美国的进口统计。实际结论应该是：美方并不存在所谓的对华巨额贸易逆差。文章分析透彻，条理清晰，实事求是，说理充分，引起了海内外的强烈反响。

为了应对国际化、全球化的趋势，我国官员也迫切需要与国际接轨。因此，在专家型官员中，许多具有留洋的背景，如外交部长杨洁篪曾留学伦敦经济和政治学院两年；科技部长万钢是德国克劳斯塔尔工业大学的博士；卫生部长陈竺是法国巴黎第七大学的博士。

伴随我国建设事业对干部素质提出的新要求，着力打造“研究型”、“专家型”官员愈显迫切。在2010年3月北京市调整的干部中，平谷区委书记邱水平曾是北京大学教授。重庆市长黄奇帆，在经济领域均很有建树，拥有“金融市长”美誉，青海省省长骆惠宁是经济学博士。一些经济欠发达的地区补充懂经济的政要，也是很有帮助的。北京市也越来越突现专家型官员的特点。北京市副市长黄卫，曾为中国工程院院士，北京市交通委主任刘小明曾任北工大交通工程专业博士生导师。北京市水务局局长程静曾任北京工业大学副校长。①

五、领导方法特别是科学方法决定得失

在领导科学的研究中，怎样才能使所学的理论知识转化为能力？其实，这就是一个科学方法问题。

① 郭爱娣：《北京集中公布94名干部任免，大多数为局级干部》，《京华时报》2010年3月27日。

事实上，确立科学的思想方法和工作方法，是提高干部素质能力的一个重要方面，是解决理论知识、经验转化成实际能力的一个枢纽和工具。有些部门、有的干部在作决策、干工作时，常常是因为方法不对头，导致工作失误或效率不高。尤其在市场经济条件下，处在体制转轨、社会转型的过程中，如果没有科学的方法，常常会导致认识不全面、决策不正确，从而影响了工作效率。巴甫洛夫讲过："有了良好的方法，即使没有多大才干的人，也能做出许多成就。如果方法不对，即使是天才也将一事无成。"[①] 巴甫洛夫的这段文字，无疑强调了方法、特别是科学方法对一个人提高能力、做成事业的重要性。所以，领导干部要有辨证的思维方式，辩证思维是人类意识的灵魂，要学会以动态的、发展的、全面的眼光看问题；要有立体的思维方式，学会从各个侧面、各个角度、各个层次考察思维对象，把思维触角伸向多方面、多途径、多层次；要有前瞻的思维方式，学会在实际情况发生变化之前，就考察其未来可能出现的各种趋势、状态和结果。[②]

领导干部在主政的过程中，应该努力提高运用马克思主义的立场观点方法研究新情况、解决新问题的能力，以便正确地认识和把握社会主义市场经济条件下，我国社会的政治、经济、文化、社会建设发展规律，正确认识和处理新形势下党与人民群众、政府与社会、部门与整体、局部与全局、当前与长远的关系。

当你步入新飞公司厂区，"今天工作不努力，明天努力找工作"的巨幅标语总会进入人们的视野。这句发人深省的治厂格言，是新飞电器公司原总裁刘炳银长期从事企业管理的高度概

---

① 杜德印：《切实提高领导干部的素质能力》，《前线》2007 年 4 月 10 日。

② 《王文超指出不断创新，提高领导能力和水平》，《郑州日报》2007 年 2 月 9 日。

括。事实上，这句格言已经成了新飞公司独具特色的企业文化的重要内容。

新飞公司实行全员劳动合同制，本着“治揭不治老，治劣不治病”的原则，采取“公平竞争、层层上岗、择优上岗”的办法，在员工中多次进行优化劳动组合。刘炳银提出的“今天工作不努力，明天努力找工作”的治厂格言，警示着职工树立竞争意识和风险意识，促使部分职工改变过去那种“进了工厂门，成了新飞人，不管干不干，保证三顿饭”的旧思想观念，让“新飞靠我们振兴，我们靠新飞生存”成为广大员工的共识和激励口号。

刘炳银有句格言：“尊重知识，尊重人才，不等于尊重文凭。”他在用人问题上，既不看文凭高低，也不看牌子多硬，而看贡献有多少，切实“以成就论英雄”。所以，刚进入新飞的大学生、研究生和科技人员，均处于同一起跑线上。在这公开而公平的竞争环境中，任何人都会产生一种“不用扬鞭自奋蹄”的危机意识。如今，在公司中高层的领导干部中，既有“科班出身”的高学历者，也有通过奋斗走上重要岗位的普通工人，他们都是凭着实际工作中的真功夫被提拔上来的。

实践表明，选好人才固然重要，但更重要的还在于用好人才。新飞对人才提出的总体要求是：“允许失败，但不允许不创新。”失败了，一切费用由公司来承担，搞出成果者则给予重奖，以此来强化员工们的创新意识。曾有一位年轻大学毕业生通过努力，将冰箱噪音降低了 0.5 分贝，公司为此奖励他一套两室一厅的住房和 3000 元现金。

新飞正是以领导方法特别是科学方法，通过大力倡导“以人为本”的自主型企业文化，才使得企业的亲和力、向心力、凝聚力不断提升，才使得企业的团队精神得以充分发挥；正是通过大力倡导全员学习的“学习型”、“研究型”企业文化，才使得企业的创新能力不断增强，企业的核心竞争力不断地提高，从而使新飞的经营业绩大幅度地攀升。

六、三种错误倾向的关联性和互动性

党的十七届四中全会指出："提高领导班子和领导干部推动科学发展、促进社会和谐能力。"[①] 领导干部能否做到及时、全面地发现问题，科学、深刻地分析问题，高效、合理地解决问题，关系着党领导的中国特色社会主义建设事业的兴衰成败。

当前，多数领导干部具备较强的处理问题能力，但客观上也存在着三种错误倾向，三种错误倾向都割裂了发现问题、分析问题、解决问题的关联性和互动性。

（一）注重发现、但不应忽视分析和解决问题

应该说，领导干部发现问题能力是其分析问题和解决问题能力的前提条件，如果不能及时地发现问题，那么分析问题和解决问题就无从谈起。

李瑞环在任天津市市长期间，能做到及时发现问题、分析问题和解决问题。

从1983年至1988年6月，李瑞环在天津市任市长期间，作了354次文字批示，市政府办了110件实事，其中比较有代表性的，就是为消除"天津市三大怪"。所谓"天津市三大怪"，就是指"乘汽车没有骑车快；临时窝棚（地震棚易盖难拆）到处盖；自来水可以腌咸菜"。

李瑞环上任不久，就对准这"三大怪"砍了"三斧子"：拆除防震棚、引滦入津、修建中三环线，从根本上消除了"三大怪"，改变了天津市的面貌。

第一斧：起初，李瑞环在全市干部大会上说，年底以内要把

---

① 《中国共产党第十七届中央委员会第四次全体会议公报》，2009年9月18日。

大泽的防震棚全部拆除掉，由此引起了会场上的哄堂大笑，因为拆除防震棚的话已经喊了多年，一直都无法兑现，要在年底内全部拆除，此话近乎“天方夜谭”。李瑞环言必信，行必果，说话算数，10 多万间防震棚果然在年内就被全部拆除了，而且对住在防震棚里的人都做了妥善的安置，新建房子的面积超过了两个旧天津市。

第二斧：天津人民盼甜水也不知盼了多少年，解决这一问题的引滦入津工程也不知说了多少年，结果，都在李瑞环任职期间用 16 个月完成了，而且在工程即将竣工之际，市政府给全市居民每户发了一两好茶叶，让全市人民在滦河水进津时用滦河水沏一杯好茶喝，以示全市人民同庆。

第三斧：天津市中环线的修建比较顺利，用了 10 个月就竣工通车了，一年内已经建成了 71 公里的外环线，从根本上缓解了日益紧张的市内交通问题。

除此以外，还有诸如两个月完成民用气化的工程；17 个月完成天津站铁道枢纽的改造工程等等，李瑞环的形象在全市人民心目中就这样树立了起来。当天津人民在谈起李瑞环市长的政绩时，都自豪地如数家珍。市民们说：“这样的市长和政府，才是实实在在的好市长和好政府。”

当前，多数领导干部对问题具有较强的敏感性，能够及时地发现问题，并准确地把握问题的主次、轻重、缓急。但是，有些领导干部发现问题后，往往把发现的问题扔到一边了，既不分析也不解决。这样一来，就会把工作中面临的问题越积越多，越来越难以解决，长期如此，就会降低领导干部处理问题的实际能力。

（二）注重分析、但不应忽视发现和解决问题

应该说，分析问题是发现问题和解决问题的中间环节，分析问题不是万能的，但不分析问题又是万万不能的。“因此，具有较强的分析问题能力是领导干部处理问题的重要保证，是处理和

解决问题的基础。但如果领导干部只是关注对问题的分析，而不去积极地发现新问题并解决旧问题，那么就过于片面和偏颇了，会降低党的执政能力，制约党的执政成效，动摇党的执政合法性”。①

当前，我国社会各方面、各领域存在着不同类型、不同难度的实际问题，这些都有待于领导干部去发现、去解决。然而，当前领导干部中存在着只注重分析问题，而不去研究怎样发现和如何解决问题的现象，这就使得发现和解决问题不被重视了，从而导致发现问题的预期目标无法实现了，解决问题的效率大大降低了。

（三）注重解决、但不应忽视发现和分析问题

当前，我国正处在经济体制的深刻变革、社会结构深刻变动、利益格局深刻调整、思想观念发生了深刻变化，各领域的问题层出不穷的历史时期，原有的问题悬而未解，而新的问题又出现了。此时，有些领导干部就把工作的关注点放到了对问题的解决上，而忽视对问题的发现和分析。应该承认，在我国干部队伍中“实战型”的人较多，许多领导干部忙于、急于解决社会发展中存在的各种各样的问题，也取得显著的成绩和政绩。但毋庸置疑的是，如果没有对要解决问题的深入分析，自然就无法全面、准确、有效地解决问题。

其实，领导干部的心里都有数，“人情关”是一个具有一定普遍性的社会风气问题，是使一些地方中小企业感到非常头痛的事情。

某一啤酒厂，从原料采购到产品销售，都不可避免地要同当地某些部门或个人打交道。而上下左右的人情，尤其是方方面面的头头脑脑，如果解决得不好，那么企业不但很难发展，甚至连

① 常黎峰：《加强党的执政能力建设重点问题论析》，《理论导刊》2006 年第 7 期。

生存都可能要成问题了。这家啤酒厂就是因为这样，一个产品质量问题，一个产品成本问题，曾被这两大难题困扰得左右跳不出这道“人情关”。真难啊！

那么，怎样才能跳出这道“人情关”呢？对此，厂长想出了一个办法：把产品的质量否决权交给质检科，把成本的否决权交给财务科，无论哪个环节，只要属于质量问题的，就找质检科长；只要属于成本问题的，就找财务科长。而这两位科长，对任何环节上的质量或成本问题，都有进行否决、对责任人有扣发工资或奖金的权力。同时，厂里对这两位科长，又规定了具体的、幅度较大的奖惩办法。即厂外有什么人情要求再找厂里就没有用了，如果两个科对外答应了什么人情要求，都不能影响质量和成本，否则就扣发两位科长的工资或奖金，再让他们去扣发其有关下属的工资或奖金。这样，这两个科及其有关下属成员，也就不得不积极设法保证质量和成本不受影响了。这个办法出台以后，厂外的客观人情要求也少了，再加上两个科的主观努力，几乎完全杜绝了由厂外人情关系所引起的损害企业利益的现象，使治理人情关系收到了显著的效果。

事实表明，观念的落后是最大的落后，而知识的匮乏是造成观念落后的主要原因。因此，各级领导干部尤其是中青年领导干部应该高度重视学习，自觉向书本学习、向实践学习，以不断丰富自己的知识，努力提高自身的综合素质。因此，领导干部必须树立正确的权力观，积极培养健康的个人爱好，养成良好的生活和工作作风，在群众中树立良好的个人形象，筑牢群众基础。同时，要积极创新观念，不断探索，使自己敢于突破本部门、本系统、本地区的局限，站在时代的前沿来思考发展问题，切实提高新形势下处理和解决新问题的能力。

第二章

研究型领导的特质

一、过人的眼力

研究型的领导干部都有一种特长，就是要有一种鉴别人才的眼光，能够识别出他人的优点，并在自己的事业道路上利用他们的这些优点。一位商界著名人物、也是银行界的领袖曾说："我的成功得益于鉴别人才的眼力。这种眼力使得我能把每一个职员都安排到恰当的位置上，并且从来没有出过差错。"①

（一）量才使用，人事相宜

清代诗人顾嗣曾写过这样一首诗："骏马能历险，犁田不如牛；坚车能载重，渡河不如舟。舍长以就短，智者难为谋；生材量适用，慎勿多苛求。"有才干的人并不能把每件事都做得好，因此要量才使用，人事相宜。

已从中国工程院院长职位上卸任的徐匡迪，曾历任上海市计委主任、副市长、市长等要职，尔后又当了八年之久的中国工程院院长。他原本是大学里的一个"教书匠"其单位为上海工业大学。那么，他何以担当如此大任呢？应该说，个人的才干无疑是主要的，但也离不开提携他的"伯乐"——朱镕基。

朱镕基识人、用人颇有一套，这就是八个字：重德重才，大胆使用。

据人民网报道，1990 年，当时任上海市教卫办主任的徐匡

① 刘琰：《石东升识才观》，2004 年 12 月 24 日。

迪陪同时任上海市长的朱镕基到欧洲访问。在参观巴黎证交所时，法国人不大愿意使用英语介绍情况，而选用母语。代表团一名翻译虽然法语精通，但不懂期指等经济名词。即时，陪同的徐匡迪便插话，解释了相关的经济名词。

“你懂这个?”朱镕基问徐匡迪，徐匡迪告知曾有在海外学习经济的经历。就在回上海的飞机上，朱镕基决定，把徐匡迪从教卫办主任调到计委工作。

彼此交谈中，徐匡迪直言，自己不喜欢计划经济，喜欢市场经济，到计委工作有没有搞错。朱镕基大笑说：“我终于找到一个不喜欢计划经济的人去做计委的主任了。”

这就是当年朱镕基发现、提携徐匡迪的部分故事情节。

后来的实践证明，徐匡迪不负大家所望，在哪一个岗位上都干得不错。

北宋宰相王安石说：“不畏浮云遮望眼，只缘身在最高层。”作为一个领导者需要站得高、看得远，以便掌握事物的发展规律，并按照事物的连续性、因果性的联系，预见它的发展趋势。可以说，领导者你有几十年的眼光，可以建立几十年的事业；有千百年的眼光，可以建立千百年的事业。

（二）“远谋大略”是过人眼力的一个标志

我们在评价历史人物时，曾给某某人以“远谋的大略、过人的眼力”结论。这就是说，他能看到别人不能看到的问题，能谋划别人不能谋划的事儿，能思虑别人不能思虑的深度，能推测别人不能推测的结局，这才称得上具有远谋大略、过人的眼力。

稍有军事常识的人都知道，军队里的元帅和将领，不到面临战场上的危急时刻，他们是不会亲自冲锋陷阵的；而他们的才能则在于调兵遣将、运筹帷幄。而企业、事业的领导者，也没有必要事必躬亲，面面俱到。而应必须具备使用人才、调遣人才的能力，让下属在工作中充分施展自己的才能，这样，企业、事业才能永远充满活力。很多精明能干的总经理、大主管在办公室的时间很少，常常在外旅行或出去打球。但他们公司的营业丝毫未受到什么影响，公司的业务仍然像时钟的发条机制一样有条不紊地进行着。”

那么，他们如何能做到这样省心呢？他们有什么管理的秘诀吗？没有别的秘诀，只有一条：他们靠着过人的眼力，善于把恰当的工作分配给最恰当的人去做，而恰当的人在那里则充分地发挥着作用，所以才出现了有条不紊的局面。

时至今日，人与人之间的关系，事与事之间的关系，彼此越来越复杂。那么，怎样才能把各种关系调理得清清楚楚，并适当地驾驭它，这就离不开谋略了。社会上有各种各样的人，个性、能力千差万别，有的人胸襟广阔，有的人心地狭小，有的人处事平和，有的人个性急躁，有的人富于理性，有的人感情用事……正所谓千人千面，千人千心，如果用人不当，把工作交给不负责任或能力不够的人去做，必然是成事不足，败事有余。若是把好人当成坏人，或是把坏人当成好人，还会给事业带来不小的损失。①

人生会有许多方案，但哪一个方案是最佳的。聪明的人选择方案的主要办法：求稳。但有些人做不到这一点，总想一口吞下去，殊不知一个人在没有能力的时候，要想干出超越能力之处的事儿，谈和容易。曾有一对夫妇养育了六个儿女，他们的教子原则是：不计毁誉，务必占先；男女都一样；和孩子们做朋友。这对夫妇在大女儿 13 岁时，让她孤身赴美求学。1908 年，又把二女儿和三女儿一同送到美国威斯里安女子学校。当时小女儿年仅 11 岁。这三个幸运的女孩就是中国近代史上的“宋氏三姐妹”——宋霭龄、宋庆龄、宋美龄，正是父亲宋嘉树设计了她们光彩照人的一生。

---

① 《河北企业家》，2007 年第 4 期。

（三）过人眼光和胆识，决定你的财富和事业

其实，机会对于每一个人都是平等的，每一个人的一生中总会遇到这样那样的机会，几乎每一个人也都梦想着成功！但是，成功者总是少数，这就是因为很多人错过了机会，或者是在机会出现在面前，因种种原因而放弃了机会。可以说，“没有对自己的梦想和成功付诸行动，何谈成功？而没有过人的眼力和准确的判断，又如何能面对机会、并能果断地出击呢？所以说，你的眼光和胆识，决定你的财富、决定你的事业！”①

其实，最优秀的飞行员除了具有良好的视力之外，还具有环视360度的视界的能力。在飞行的过程中，他能够提前觉察到地平线上出现的任何事物。也就是说，他不仅能看到眼前发生的事情，同时还能预见到飞机、机组人员、乘客、气候和地面上即将发生的一切。“而作为卓越的领导者，同样应该具备这种远见。由于他们懂得控制所处的环境，所以，他们有一种超强能力，几乎可以为企业把握未来；飞行员是靠其远见力来控制进入其飞行环境中的一切的。作为飞行员式的领导者，你同样可以运用非凡的远见力来控制企业经营环境，对企业实施领导。”② 其实，远见是信念、经验和勤奋的综合。没有远见，飞行员只能停留在地面上。没有远见，企业领导者只能将广阔的蓝天拱手让给竞争的对手。

事实上，一个商机的出现，不是很多人都能作出准确判断的，往往是那些有胆有识的人，才会力排众议，抓住了商机，从而取得了别人“错过”的成功。应该说，这也是符合逻辑的。因为如果很多人都看出这是个商机的话，大家都来做，就会打价格

---

① 《你的眼光和胆识，决定你的财富》，《世界经理人论坛》·领导力，2007年11月9日。

② 王俊杰、徐风华编著：《如何提升销售能力：创造好业绩的捷径》·用飞行员的眼光看领导，机械工业出版社2008年7月版。

战了，就没有利润了，当然也就没有市场发展的空间了，那怎么能够称其为“商机”呢？

刘邦起兵以后，萧何负责其后方的粮草供给。萧何尽职尽责，没未有一次令刘邦失望。不仅如此，萧何每到一处，十分注意收集法令制度图书文献，而不像其他将官那样忙着抢掠财物。刘邦当上汉王后，请萧何担任丞相。其时，项羽和一些诸侯杀死秦王子婴，烧毁咸阳城，然后扬长而去。其实上，刘邦之所以知道天下各地的要塞，户口的多少，形势强弱的地方，人民痛苦的事情，就是因为萧何获得了秦朝的全部地图和书籍等资料的缘故。

刘邦入关以后，在张良的劝说下，封存秦朝宫宝、府库、财物，还军灞上，以待项羽等各路起义军。在此期间，刘邦还实施了一系列极有远见的政治措施。当时，刘邦召集诸县父老豪杰，对他们宣告说：“父老们，你们在苛酷的秦法之下生活，痛苦很久了。秦法规定，如果人民有诽谤朝廷的，就灭族；人民有相聚谈话的，就是犯弃市死罪。我，和诸侯有约，先入关的，就为关中之王。现在我当为关中之王。今天我要和父老约法三章：杀人者，死；伤人者，抵罪；盗，抵罪。此外一切秦法，完全废除。官吏都依原来的位置，全不迁动。”秦国人听了这个约法三章后，特别高兴，争先持着牛羊酒食献给沛公的军士。对此，沛公又谦让，不肯接受所献食物，民众们更为喜悦，唯恐沛公不做秦王。这些安民的措施，为刘邦争得了民心。对于他日后经营关中，并以此做根据地与项羽争雄天下，奠定了良好的基础。

二、四射的魅力

魅力，是领导者对公众所产生的一种强烈而带有某些神秘色彩的吸引力，能激发公众的愉悦、敬慕的心理，也是公众对领导者素质、行为、形象等因素的价值褒贬、艺术审美和情感好恶的评价。一般说来，卓越的领导者、研究型领导者均具有特殊的魅力。

（一）具有成于内而形于外的特殊品质

领导气质因其先天、后天和职责等条件不同而各具特点，但其实质必须体现出领导者作为一个团体的代表应具有的尊严、气魄和影响力。具有出众气质的领导者往往不怒自威、不言自重，产生令亲者怀、疏者慕、仇者敬的神奇魅力。

斯大林的个子不高，约1.66米。标准像上的他，双目微眯，不怒自威。对斯大林的敬畏，英国首相丘吉尔在回忆录里写得很生动："当斯大林走进大厅，出席雅尔塔会议时，人人都像接到口令一样站了起来。而且奇怪的是，大家都两手贴着裤缝肃立。"①

有一次，丘吉尔打定主意不起立。可是，当斯大林一进门时，丘吉尔就像被一股超自然的力量拉了一把，还是身不由己地站起来……还如毛泽东的大气磅礴与深思熟虑，周恩来的纵横捭阖与亲切平易，邓小平的举重若轻与绵里藏针，至今仍令人们感佩不已。

可以说，领导魅力具有许多微妙而又难以把握的心理和情感因素，但又是可以体味和培养的，所以每一位领导者都应该依据自身的素质基础，以及职责特点坚持不懈地进行魅力修养。

（二）具有追求卓越、向往崇高的潜在意识

交际心理学告诉我们，一个谦虚的领导者，往往更能给人以亲近感、信赖感。一般来说，谦虚的领导者一定是聪明的、睿智的、有才能的人。从识人的规律上来看，一个谦虚的领导干部，面对大千世界的纷纭复杂，总觉得自己渺小，绝不满足于已经取得的辉煌成果和荣誉。所以，他们会不断地勤奋学习、求知和实

---

① 《斯大林逸事》，《民风》2009年第2期。

践，这可以说是所有谦虚的成功领导干部的共同的思想境界。”可以说，把谦虚升华为魅力，这是领导者从被动向主动、从不自觉、从无意识向有意识超越自我的过程。

2006年，青岛航务二公司施工和经营产值双双突破30亿元，走上了新的高位运营平台，彰显着在中国建筑市场的影响和地位。

作为一家具有50多年历史的老国有企业，青岛航务二公司在党委书记、总经理栾世华的带领下，不断解放思想，锐意创新，以寻求市场化方向与国有体制背景的最佳平衡点。这条探索之路，航务二公司走了六年，经历了从举步维艰到实现快速的可持续发展的历史过程。2004年，航务二公司施工产值突破20亿元大关，栾世华对这一骄人成绩十分清醒：产值如此之高，一个不争的事实是：仅长江口项目就创下了10亿元产值——这在国内建筑史上是个奇迹。然而，随着长江口工程的结束，公司没有了大项目支撑，那么，2005年怎么办？要再次突破20亿元大关，面临的现实是跨年度工程只有7亿元，巨大的产值缺口，成为摆在公司发展面前的一道鸿沟！对此，在2005年工作会上，栾世华提出了“超常规发展”的工作思路，再次向产值20亿元发起新的冲刺。公司党委接受了栾世华的提议，随后在全体员工中开展了“超常规发展”大讨论活动，大家统一了思想，打消了疑虑。“上下同欲者，胜”。就在传统施工市场萎缩的情况下，他们北上南下，积极开拓，先后中标东营港扩建码头、温州状元岙围垦二期、福建青岚山30万吨级原油码头、前湾招商局码头等70多项大小工程，最终超额完成了年度目标。

2006年，公司再次提出经营施工产值双超30亿元的目标，通过全体员工一年的艰苦卓绝的努力，年底已超额完成。同时，也使施工地域遍及辽宁、天津、山东、山西、陕西、安徽、上海、江苏、浙江、上海、福建、广西、海南等地。2007年，公司提出了更高的发展目标。因为，他们坚信“快进则生，中进则退，慢进则衰，不进则亡”的企业发展观准则。

（三）具有以广义的文化为底蕴的良好学养

应该承认，现代领导大多数有学历，属于有文化的领导者，但我们这里谈论的“文化”不是狭义地指书本知识、学历证书。这里所说的“文化”，则是广义的“文化概念”。即文化体现在领导者公关、演讲、工作过程，甚至体现在领导者的调研和决策行为里。比如领导者的演讲，应当做到“言简意赅”，即说话要简洁、精练，以尽可能少的言语表达出尽可能多的内容，没有废话；没有华丽辞藻的堆砌，没有不必要的词语重复。

莎士比亚说过：“简洁的语言是智慧的灵魂，冗长的语言则是肤浅的藻饰。”[①] 口才表达与文章写作一样，讲求“意则期多，言惟求少”，真正做到“言约而旨丰”。

有一次，宋代大文学家欧阳修与两个年轻人谈论修辞的问题，恰好看到外面有一匹飞奔的马，把一条躺在路边的黄狗踏死了。欧阳修问这两个年轻人：“如果要我们把刚才看到的情景写下来，怎样才能写得精练呢？”其中一个年轻人说：“我用二十个字就可将这番景象描述下来。”接着就念道：“劣马正飞奔，黄犬卧通途。马从犬身践，犬死在通衢。”欧阳修听后说道：“字太多了，而且有重复。二十个字中，就有两个‘马’字，三个‘犬’字，‘通衢’也与‘通途’同义。”另一个年轻人经过思索，说道，“我可以用十一个字写出来：有马过通衢，逸马蹄而杀之。”这两句虽比上一个年轻人说的要简洁得多，但仍有重复的地方，而且没有将犬被马踏死的事实写出来。后来欧阳修重拟了一句：“逸马毙犬于道。”只用了六个字，言简意明。对此，两个年轻人都佩服得五体投地。

那么怎样做到言简意赅呢？

首先，要加强思维条理性、精密性的训练。讲话中，之所以会出现“言语絮繁”现象，主要是由于思维缺乏条理性、精密性

① 雅瑟：《说话与办事》，海潮出版社 2006 年 3 月版。

的缘故。因为思维模糊不清，没有形成完整的认识，当然也就难以用简明的言辞表达清楚了。

其次，必须要抓住问题的要点，突出中心。须知，表达问题最忌讳的就是离题胡扯，不着边际。说话与书写文章一样，应该主题明确，其主题应像一根红线一样贯穿于整个讲话的始终。

第三，要抓住关键的信息焦点，即抓住问题的要害，甩掉那些非本质的细微问题，以要言不烦取胜，切实体现出“精要”的要求。

第四，表述问题的程序问题，也就是要先说什么，后说什么，何者为主，何者为次，前后内容如何衔接，做到条理分明，形成严谨细密、首尾呼应的结构。

第五，对所要阐述的问题，要反复推敲。坚决杜绝使用“说不定”、“差不多”、“大概”、“或者”、“可能”等不确定之类的词语，也不要在说话时乱加修饰语和说些不合逻辑、令人费解的话，尤其是要克服“嗯”、“啊”、“这个”、“那个”、“对不对”、“是不是”等口头禅，以保持语言的纯洁、健康、规范的特点。

（四）具有创造的气宇、胆识和创新成果的展现

历史上，大凡有作为的领导者、先贤们，无不有惊人的创新之举。秦皇、汉武、孔明、曹操，从成吉思汗到拿破仑，从孙武到克劳维茨，从马克思、列宁、毛泽东到邓小平，一个个人中之杰，在人类历史长河中闪闪发光，令后辈们叹为观止。其实，仰慕追思的不是他们的高位，而是他们的创造气宇、胆识和耀眼的成果。应该说，任何兵将之争，实质是创新之争。胜者，是因为他们创造了新战法、新技术；败者，不是他们不想打胜仗，而是他们弱化了创造动力，没有或极少去探究新的对策、方略和指挥艺术。[①] 治军如此；治国如此；治业如此；在经济、文化、教育、

---

① 吴建明：《魄力、魅力、威力——谈领导者的权威》，《领导科学》2007 年第 11 期。

科技领域的领导者同样如此，即皆因有创新，事业才兴旺发达。

从客观上来看，创新面临的最大困难，就是已有权威性理论的挑战。马克思主义的创始人自己说过，他们的理论不是教条，而是行动的指南。毛泽东曾经说过，“不如马克思，不是马克思主义者；等于马克思，也不是马克思主义者；超过马克思，才是真正的马克思主义者。”[①] 后来，邓小平也讲过，“不以新的思想、观点去继承、发展马克思主义，不是真正的马克思主义者。”[②] 这充分体现了毛泽东、邓小平对马克思主义真理的深入领悟。其实，马克思主义的生命力就在于发展。因此，超过马克思，发展马克思主义，就必须创新。

可以说，毛泽东在创新的过程中，同样遇到伟大思想和权威模式的影响。如中国新民主主义革命道路，以苏联城市为中心的革命道路模式，是被实践证明了的正确模式。然而，它在中国的这个国度里，却遭遇到了挫折。面对这样一个具有理论和实践双重权威的成功模式，而且在不少人仍坚持认为它是中国革命唯一正确道路的情况下，怎么办？如果按原路走下去，无疑仍将面临失败；另辟蹊径，就要面对创新的风险。对此，毛泽东以他的胆略与睿智，选择了后者。他既不简单地否定城市革命道路模式，也不迷信“本本”。而是，一方面看到城市道路模式的合理性，另一方面又看到中国国情的特殊性，从两者的比较与结合中，意识到特殊的国情需要特殊的道路，从而为中国革命开辟出一条符合中国特点的新道路——农村包围城市、武装夺取政权。

总之，没有创新的领导者是无所作为的领导者，没有创新的领导活动是无意义的活动。创新是领导的实质，也是领导者胆识魅力的最终体现。

---

① 龙平平：《超过马克思才是真正的马克思主义者》，《中国青年报》2002 年 6 月 2 日

② 倪德刚：《毛泽东是怎样认识、弥补马克思主义的缺陷的》，《学习时报》2010 年 11 月 8 日。

三、超强的能力

何谓领导者的能力？是指各级领导者带领、指挥下属组织或成员，在一定的条件下，运用各种资源实现组织目标行为过程中所表现出来的本领。

领导者能力是领导者自身素质的外在表现，是其政治、文化、心理、生理等诸多素质的综合反映和主要标志。

（一）人际交往能力

事实上，领导者的成功有时并不在于他有多强的业务能力。“当一张无所不至的人际关系网铺下时，领导就成功了一半，领导者处于各种复杂的人际关系的重要位置，要处理好与下级的关系，处理不好，下级没有积极性，领导工作无法开展；对上级的关系处理不好，不能取得上级的信任，同样无法担任领导工作；其他关系处理不好，往往使自己孤立无援。”①

总之，要处理好这方方面面的关系确实要有学问。

艾柯卡被福特公司解雇以后，就被克莱斯勒公司聘为总裁了。当时，克莱斯勒公司正处于困境之中。就在艾柯卡上任的当天，公司宣布第三季度亏损了近1.6亿美元，创下了历史的最高纪录。艾柯卡并没有恐惧，他决心想办法使公司东山再起。艾柯卡通过全面分析后，认为最好的应急措施就是取得八方支援，以拯救企业。于是，艾柯卡主动出击，把经销商们紧紧地团结在自己周围，与他们促膝长谈，征求他们的意见。

得到经销商们的支持之后，艾柯卡就利用他们与政界的关系，去争取政府的支持。艾柯卡这一招很高明，因为经销商们的

---

① 牛生乐：《做人、做事、做官的理想追求》，《肃南·明花》2008年12月10日。

社会关系都很广泛。于是，经销商们纷纷走向华盛顿，利用自己的关系，到议员中间去游说，向议员们说明克莱斯勒公司的实力雄厚，虽说暂时有些麻烦，但前途还是非常好的；同时，经销商们还进一步阐明，如果规模如此大的公司破产的话，将会对社会产生十分不利的影响。

为了使自己的游说更有说服力，经销商们还摆出了众多的材料证明，在全美国235个选区中，只有两个选区没有克莱斯勒公司的经销点。果然，这些游说收到了良好的效果。同时，克莱斯勒公司还通过工会组织搞了一些宣传活动。这样，到了国会表决之时，众议院和参议院都以多数票同意通过了拯救克莱斯勒公司的方案。就这样，在政府的支持下，克莱斯勒公司终于东山再起。

可见，克莱斯勒公司的枯木逢春主要是依靠了政府的支持，而这一行动的策划者艾柯卡就是看中了政府这一能量巨大的机构；而当自己的力量难以企及时，又巧妙地利用了第三者——经销商，这正是他手段的高超之处。所以，作为一名领导者应该从这一例子中得到一些启示，即平时要注意疏通方方面面的渠道。这种"公关能力"甚至可以让一个组织起死回生。

（二）技术能力

一般来讲，"懂行"、"一技之长"、"才重一技"、"隔行如隔山"、"不熟不做"都是技术能力的意思。指使用某一专业领域内有关的工作程序、技术和知识完成组织任务的能力（一般基层管理人员要求较高）。

在一个单位里，领导者理所当然地应该成为示范人。也就是说，领导者如果没有过硬的业务能力，那么是难以服人的。可以说，技术过硬的人未必是领导者，但是领导者必定是技术过硬的人。技术的培养需要领导者从基层做起、从最简单的做起，这样升上来的领导位置最稳、最牢。

（三）思维能力

科学的思维能力，是领导干部智慧的最高表现。应该说，在领导者的各种能力之中，都是以科学的思维能力为基础的。我们鉴别领导者能否高人一筹，就在于其思维别人没想到的一些问题，而别人想到了的问题，你应该想得更深更远、更精细。为此，“领导干部要培养自己活跃的思维方式，就必须不断地锻炼和充实自己。应该说，领导干部思维的前瞻性是其与一般人思维的差别之所在。所以，必须注意培养自己良好的思维习惯，即多观察、多思考、捕捉信息、增强敏锐性。这样，才能由单一的一元思维走向丰富的多元的思维。”

浙江著名的民营企业横店集团，老板徐文荣高小毕业，是个典型的乡镇企业家。在十几年前，西北的一所高等院校研制了一种磁性材料，在产品化的过程中缺钱，需要200万元，这在当时可不是个小数目啊。于是，这所高校就找到了徐文荣。对此，徐文荣竟然没有太多迟疑，当场就拍板给钱。事后，有的经济学家问徐文荣：你也不懂什么叫磁性材料，也不是搞这个行当的，你怎么敢投资？徐文荣的回答很令人吃惊：我就不相信，它这么一所知名大学，从我这么个农民手里拿走200万，最后就什么好处也不给我。

那么，是什么在老板徐文荣那里起了作用呢？就是直觉、是思维。如果等你讨论来讨论去、论证来论证去，很多机会就可能错过了。后来，磁性材料成为横店集团迄今依旧的支柱产业，就在产量方面来说，是全国最高的。

（四）创新能力

事实表明，创新能力是当今社会竞争成败的关键，是新世纪经济与社会发展的根本动力和决定性因素。作为一个领导者，创新能力综合了他的知识、技能、智力和智慧。我们应该清醒地意识到：世界每天都在翻新，每天新的东西都层出不穷。所以，一个组织要生存、要发展就必须不断创新，不断更换自己的运作方式。其实，“领导者的创新意识与创新能力在现代组织中决定着组织的生存和发展。至于领导者的创新素质如何，需要他平时不断地积累与学习，需要他不断地对所担负的工作进行学习与研究。创建学习型组织，不仅使领导者自身的知识系统得到巩固与完善，而且使组织更加睿智化，这是创新的基础。”①

要想让企业走出困境，领导者必须时时让创新的“金点子”在脑中激荡，以便摆脱因循守旧的思维习惯，否则企业发展将寸步难行。

日本的电子之父松下幸之助，就是这样一位富有智慧、善于洞察未来的人物，当人们问他成功的秘诀时，他总是说：“靠的是比别人稍微走得快了一点。”

松下幸之助在确立自己事业的方向上，靠的是在自己智慧基础上所形成后强烈的超前意识。因为，他深信灿烂的电气时代如同电灯一样将会照亮人类生活的每一个角落，所以，投身电器制造，也一定会前途灿烂。

第二次世界大战结束以后，遭受战争创伤的人民，在新的和平环境里又重新燃起生活和工作的热情。对此，松下幸之助“超前”地看到“新文明”将带来世界性的“家电热”。这对于松下电器，既是一次发展壮大的难得的机会，也是一次艰巨而又严峻的挑战。松下幸之助正是凭借着“稍微走得快了一点”，便大刀阔斧地进行机构调整和技术改革，从而使松下电器在新的挑战和机遇中得到了前所未有的发展。

20 世纪 50 年代，当松下幸之助第一次访问美国和西欧时发现，欧美强大的生产主要基于民主的体制和现代的科技，尽管日本在上述方面还相当落后，然而这一趋势将是历史的必然。松下幸之助正是把握住了这一超前的趋势，在日本产业界率先进行了

① 陆建国：《领导干部应当如何提高自身能力》，《党务公开》2010 年 8 月 29 日。

民主体制改革。在政治上，给予产业充分的自主权，建立了合理的劳资体制和劳资关系；在经济上，他首先改革了日本的低工资制，使员工工资超过了欧洲，接近美国的水平，并建立了必要的员工退休金制度，使员工的物质利益得到了充分的满足。在劳动制度上实现每周五天工作日，这在当时的日本还是第一家。对此，松下幸之助认为，这一改革并非单纯增加一天休息，而是为了进一步促进产品的质量，好的工作成就产生愉快的假日；愉快的假日情绪会导致更出色的工作效率。只有这样，生产才能突飞猛进，效益才能日新月异。

四、十足的魄力

魄力，即领导者开展工作和处事所应具有的胆识和果敢的作风。

魄力是领导者的必备素质，魄力是领导者的一笔无形资产，是领导者在决策中思想作风的体现。没有魄力的领导者是软弱的，而魄力十足的领导者才能给人们以目标和力量。

（一）我们不应单一地去理解“魄力”

当然，我们需要和提倡的是“刚柔相济”的魄力。

一个人在关键时刻的大智大勇，往往来自其日积月累的修炼。魄力需要广博的知识、敏锐的洞察、缜密的思维，需要洞明世事的经验与置生死于度外的胆气豪情。司马迁曾说过：“猛虎之犹豫，不若蜂虿之致螫；骐骥之蹰促，不如驽马之安步；孟贲之狐疑，不如痛夫之必至”。[1] 须知，机遇总是稍纵即逝的，容不得半点踯躅。一个人倘若失去了魄力，也就意味着无端地放弃了许多成功的机遇，会使自己的人生过得平平庸庸，毫无彩点

---

① 《史记·淮阴侯列传》第三十二。

展现。

一个领导者，遇事处处采取守势，优柔寡断，不敢有所作为，把自己禁锢在“保险箱”中，绝非是有作为的领导者。当然，这样的领导也就谈不上有什么魄力了。

魄力，需要韬光养晦的修炼，需要谈笑自如的大家之风。读过《庄子》的人都知道，他将“勇”即魄力，分为几个层次：“夫水行不避蛟龙者，渔夫之勇也；知穷之有命，知通之有时，临大难而不惧者，圣人之勇也。”① 最高境界的魄力是“圣人之勇”，即通晓自然，社会发展规律，善于掌握时机，通权达变，遇到危险而不畏惧，一言以蔽之，魄力则是智慧和坚毅的结合、是二者的统一。②

因而，我们不应单一地去理解“魄力”。其实，“魄力”正如人物个性千姿百态一样，在表现方式上也是绚丽多彩的，所以，我们也就没有必要以一种固定的标准把魄力模式化了。叱咤风云的阳刚之气固然是魄力的表现，那么柔中有刚、绵里藏针、从容不迫地化解各种矛盾又何尝不是魄力的内涵呢？

正因如此，一个领导者要善于从“剪不断，理还乱，忙不赢”的被动状态中解脱出来，以便在复杂纷纭的各种矛盾中迅速作出“快”、“准”、“新”的决策。所谓“快”，即为“快刀斩乱麻”。就是面对堆积如山的历史问题，能够迅速地理出头绪来；面对接踵而来的现实问题，能够迅速地抓住其关键问题之所在；面对来势凶猛的危机，能够迅速地采取防范的措施。所谓“准”，就是在问题处于萌芽状态时，便能能准确地洞察到，并能做好解决矛盾的各种准备工作。所谓“新”，也就是做到不抱残守缺，不盲目照搬照抄，而是勇于改革进取，不断开拓创新，勇于建功立业。

---

① 《成功领导者的权威是什么》，《福州人才》2010 年 2 月 9 日。

② 叶江涛：《现代企业领导者应具备的基本素质》，《山西煤炭》2008 年第 2 期。

事实上，那些管人理事的领导者，大多数是经过数次的历练，既有丰富的阅历，又能知人善任，所以这样的领导者定能在事业上开创出一片新天地，最终成为一个魅力十足的领导者。例如在古典小说《三国演义》中，你就会领悟到一个有魄力的领导者的形象。

一个落魄没落的王孙子弟——刘备，能让其结拜兄弟关云长“过五关斩六将”，冒险患难矢志追随；又能让一位隐修山林的贤才诸葛亮六出祁山回报，且鞠躬尽瘁、死而后已地辅佐“阿斗”；甚至让患难之交的赵子龙，置生死于度外，冲入万重敌阵、搭救幼主脱险。到底刘备有何德行与魅力，能让这些贤人专士愿意为他效忠卖命呢？我们若深入探究，道理亦极为简单，刘备只不过深谙礼贤下士的“敬人以诚”之道而已，这也是一个领导者的人格魄力之所在。[①]

（二）“纳谏”魄力，也是使其德高望重的缘由

同时，一个有魄力的领导者还必须知道“江海之所以能为百谷之王者，乃因它处低下，接受百谷归注而成”的道理。即是说，有魄力的领导应该是集众人之智于一身，并能广纳谏言，接受各方批评的人，这样贤人名士才乐于进言，并施展抱负辅弼明主。因此，一个领导者的“纳谏”魄力，也是使他深受众人爱戴的缘由。

在《战国策》中“邹忌讽齐王纳谏”的故事，值得作为一则。说的是齐国宰相邹忌，自知长得不如城北的徐公子，但其妻、妾与朋友，因为要得其欢心，或有求于他，纷纷说他美于徐公子。就这样，邹忌以此为例，现身说法，力劝威王，要他多采纳臣下的谏言，这样才能不受蒙蔽。威王果然接受了邹忌的意见，从此广求谏言。令初下群臣进谏，一时门庭若市；数月之后，进谏渐少，一年后，几乎无事可谏；齐王于是一时威震各

---

① 陈明璋：《做个有魅力的主管》，远流出版社 1989 年版。

国，各国名士也纷纷亲善归附，威王不用一兵一卒，却能声威远播，可见领导接受纳谏的魄力对事业是多么有效啊！

“企业”两字中的这个“企”字，是由“人”与“止”这两个字所组成的，因此企业就是“止于人”的事业。这是我们从字面上看出来的。领导者如果有知人善任的魄力，懂得惠及单位职工成长、利益的机会，那么职工肯定是乐于在工作中积极工作、加倍报效的。

毫无疑问，领导者是企业或事业每一项工作的决策者；换一句话，领导者是使职工帮他“做好某一件事”的“成”事者。在形式上，或许是领导者命令或指挥职工做某些事，而事实上，他是请求下属帮助他“成事”，所以我们的领导者应该领受下属之情，这也是领导者的心态素养所在；否则，在你的身上就丝毫没有魄力可言了。

有经营之神雅称的松下幸之助说，领导者应有“倒茶”慰劳部下的心理。当部下替你办好一件事时，作为领导者首先就应该表示感谢：“辛苦了，谢谢，请用一杯茶。”当然，领导者并不一定每次都要给部下亲自倒茶，这只是表达感谢与慰问的话语，让部下感受到领导对自己的尊重和慰劳之意。其实，领导者的这一举动，就会使部下感动不已了。我国著名民营企业家鲁冠球先生也曾勉励员工：“天资好不如学问好，学问好不如处事好，处事好不如做人好。”①

事实上，有人格魄力的领导者在做事业的时候，也会把追求社会价值和尽到社会责任为己任，使职工生活在一个充满人性和关爱的集体里，这样的领导魄力和才能也会发挥得淋漓尽致的，他所领导的企业也会蒸蒸日上、兴旺发达的。

总之，权力是不会自然产生魄力的，有权力的人并不意味他就一定有魄力。因此，作为一个领导者，他只有不断加强自身思想道德方面的修养，做到知人善任，纳忠言听诚谏，对职工心存

---

① 《部分地方和部门公开选拔干部面试题集萃》，第2页。

感谢之心，公平公正，清正廉明，把领导权力和魄力有机结合，才能缔造出一个真正具有魄力十足的领导者。

五、超常的约束力

（一）优秀领导者在集体中应以身作则

在司马迁的《史记》中，曾经记载汉将军李广的这么一段话："广之将兵，乏绝之处，见水，士卒不尽饮，广不近水；士卒不尽食，广不偿食。宽缓不苛，士以此爱乐为用。"从这段文字里可见，李广颇有吃苦在前、享受在后的精神，所以士兵们都愿意听他的指挥、接受他的领导。李广死时，"一军皆哭。百姓闻之，知与不知，无老壮皆为垂涕。"①

是的，一位优秀的领导者在集体中应以身作则，这样才能激发部属们的干劲，率领他们更有效率地去工作，进而受到部属们的爱戴与崇拜。

时任空军副司令员的成钧中将，就是具有超常约束力的典型代表。1958 年 10 月，当时他下到某雷达连当兵锻炼。为防止部队基层干部对他不敢大胆管理，战士们对他特殊照顾，成钧特意改名为成本兴，并对自己担任的职务严格保密。有一天，成钧正在和班里的几名战士在值班室里值班，忽然，班长喊了声："起立！"成钧和几名战士迅速地站了起来。就在这时，福州部队空军副司令员刘鹏少将来到了值班室，班长刚要报告，却见刘副司令员走到"成末兴"的面前，抬手敬礼报告……这下秘密可就再也保不住了。成钧只得向大家讲了实话，并如实做了说明。

班里的同志们自从知道成钧是空军副司令员以后，就有意对他特殊照顾了起来。有一天早上，成钧正要到饭堂去吃饭，班长

① 《史记·汉武帝十三：李广难封》。

对他说："今天我们在宿舍里吃饭!"成钧即问："为什么不到饭堂去吃呢?"班长说："今天特殊。"话没说完，就见一名战士端了一盘煎鸡蛋进来，放在了成钧面前。见此情景，成钧沉下脸来，十分生气地说："同志们吃的菜我又不是不能吃，为什么这样照顾我呢?"说完，不管班长和其他战士怎么解释，他拿起自己的碗筷就朝饭堂走去。事后，成钧又给连里提了意见："今天我是下来锻炼的，同志们能吃的东西，我都能吃，能住的地方，我也能住，同志们能掌握的技术，我也要学会，希望同志们不要把我当成客人。我现在是士兵，对我的要求越严格越好。"

当时，雷达连驻守在海防前线一个三面环海的半岛上，他们的阵地设在一座山头上，宿舍建在了山脚下。一天，轮到成钧所在的班值班。正患感冒的成钧不顾同志们的劝阻，带病参加值班。下午，成钧要到山下办事，班长告诉他办完事就不要再上山来了。可是，晚上 10 点多钟他又上气不接下气地摸回了阵地。班长就问："你怎么又上山来了?"成钧认真地回答："今晚是咱们班值班，我是这个班的战士，怎么能不来呢?"就这样，成钧按照一名列兵的要求，带病同班里的年轻战士一起，在值班室坚守了一夜。

正因为领导者特殊的地位和所具有的权力，使其行为能够对单位及其成员带来的一定的、甚或决定性的影响。所以，领导干部时刻都不能放松对自身的约束。

(二)"修己以敬"应该成为领导者的格言

孔子曾经强调过，"修己以敬"①，认为只有修养好自己的品德，才能严肃认真地对待一切事情，同时，他指出"修己以安百姓"，认为只有修养成高尚的品德，才能使百姓得到安定。因此，作为一个领导者应该做到：

① 高伟洁：《儒家君子理想与当代公民素质教育》，《郑州大学学报》哲社版 2008 年第 5 期。

第一，要确保个人的目标和利益服从组织的目标和利益。对于领导者来说，要以德为先，提升忠诚度；同时要有一种公平感。据公平理论研究表明，人们的不满情绪是在与他人做比较后认为不公平而产生的。因此，领导者在关心体贴下属时，一定要做到无论亲疏，都一视同仁，这样才能获得广泛地支持和拥护。如果有人感到自己的所得少于其他人的所得，那么他不但不会感激你，还会心生怨恨。这正是一些国人“不患寡而患不均”的普遍心理。

据有关传记的记述，在整个第二次世界大战期间，美国五星上将马歇尔都在无微不至地关怀着高级军官和他们的家属；同时，对所有在他手下服役的人都有种天生的人情味，不论他们的职位多低，他总是不厌其烦地随时去向他们表示他的真诚、尊敬、体贴、关心。其实，在马歇尔还是个下级军官的时，他就有这种与下级融洽相处的本事。难能可贵的是，马歇尔能够记住手下每个士兵的名字，经常与他们亲切交谈，了解他们的问题、随时给予帮助，对其错误还会进行诚恳的批评。这一特性，在他身为陆军参谋长和五星上将时还一直保持着，被许多人尊称为“普通士兵的卫道士”。

第二，作为一个领导者要克制、控制自己的情绪反应。也就是要注意培养和开发领导者的情商和逆境情商，培养自己在关键时刻，在真正艰难困苦的过程中的一种自控能力。培养的这种自控能力，是服务于对岗位的“敬业”精神。“我们常常这样概述所从事的工作：用力工作、用心工作、用命工作。对于基层领导者，就是要用力工作，即勤奋。对于中层领导者，要用心工作，即不仅要勤奋，还要动脑子。对于高层领导者，要用命工作。就是要保持自己的激情和敬业精神，真正把工作作为自己生命、生活的重要组成部分。”①

---

① 《疑人不用，用人不疑，授权》，《企业领导方法》，2004 年 9 月 22 日。

第三，作为一个领导者要建立个人信誉，获得他人的信任。当初朱元璋打天下从郭子兴那里毫无迟疑地离开，除了郭子兴和他儿子的挤兑之外，还有朱元璋自己也早已规划好了要“跳槽”了，郭子兴打天下那是笑话！郭子兴是一个短见无知的土地主，还不如张士诚有见识。张士诚小富即安那是一种没有野心向往美好安详的表现。郭子兴是个熊将，朱元璋却不是个熊兵，郭子兴虽对朱元璋有知遇之恩，却终因自己本身为人处事不当的缘故彻底失去了朱元璋的心。鉴于此，当个人目标或团队目标发生冲突时，要选择对顾客和企业最为有利的言论与行动。只有如此，才能获得他人的信任。

（三）领导者优秀的品格应成为组织文化的一部分

作为一个领导者，与人打交道时，要有礼貌，周到，有涵养，尤其要有良好的品格。

企业家冯仑曾撰文记述他与华人最杰出的企业家之一——李嘉诚的一次接触：一个月前我去香港，和李嘉诚吃了一次饭，感触非常的大。当我们进到电梯口、开电梯门的时候，李嘉诚先生在门口等我们，然后给我们发名片。发名片后我们一个人抽了一个签，这个签就是一个号，就是我们照相站的位置。我当时想为什么照相还要抽签，后来才知道，这是用心良苦的，为了大家都舒服。

抽号照相后又抽个号，说是吃饭的位置，又为了让大家舒服。最后让嘉城李先生讲几句话，李先生却用英语讲了几句，又用粤语讲了几句话，把全场的人都照顾到了。他讲的是“建立自我，追求无我”，就是让自己强大起来要建立自我，追求无我，把自己融入到生活和社会当中去。

之后我们就吃饭。我抽到的号正好是挨着他隔一个人的位子，我以为可以就近聊天了，但吃了一会儿，李嘉诚先生站起来了，说抱歉我要到那个桌子坐一会儿。后来，我发现他们安排李先生在每一个桌子坐 15 分钟，总共四桌，每桌都只坐 15 分钟，正好一小时。到临走的时候，李嘉诚先生说一定要与大家告别握手，每个人都要握到，包括边上的服务人员，然后他又送大家到电梯口，直到电梯关上了才走。这就是他的追求无我，显然，在这个过程中他都做到了。

任何一个组织想要成功，组织的领导者必须树立起正确的行为规范和优秀的品格，并使之成为组织文化的一部分，当这种文化深入到组织的每个角落时，组织成员自然会被这种文化所感染，那又何愁领导不好这个组织呢？

六、专注的定力

所谓定力，是指能够把握自我的能力。即做到心定、意定、行定，不浮躁，不受外界的诱惑和干扰。具体些说，就是对财，不起心；对色，不动心；对名，不恋心；对食，不贪心。

（一）向着目标前进的人，“整个世界都给他让路！”

无论是领导者或个人，都应该专注于自己的领域所担负的工作。这是因为，人的精力是有限的，可利用的资源也是有限的，唯有专注如一，将所有的力量施于一点，才能超越别人，才能取得持久而非凡的成就。事实上，无论是过去还是现在，有的领导者就是由于定力不足，业务钻研不够，调查研究不足，受世俗和利益的牵制，不能为群众利益尽心，不能为事业职责倾力，而结果既影响了自身的形象和威信，也使其领导下的企业或事业单位受损。

美国19世纪哲学家、诗人爱默生说：“一心向着自己目标前进的人，整个世界都给他让路！”① 他所说的“一心”就是驱除浮躁，聚精会神，心无旁骛，紧盯目标。

---

①《成功人士的十种好习惯》，《职场生涯》2007年11月5日。

1895 年 7 月，居里夫妇结婚了，当时，他们的会客室里只有一张餐桌和两把椅子。居里的父亲知道后，写信告诉他们，准备送给他们一套家具，并问他们喜欢什么样的家具。看过信后，居里夫人说："有了沙发和软椅，就需要人去打扫，在这方面花费时间未免太可惜了。"对此，居里对新婚妻子说："不要沙发也可以，我们只有两把椅子，再添一把怎么样？客人来了也可以坐坐。"居里夫人说："要是爱闲谈的客人坐下来，又怎么办呢？"最后他们达成共识，不再添任何家具了。

1898 年，居里夫妇发现了一种新的元素。对此，两人都特别兴奋。玛丽突然抓住丈夫皮埃尔的手，激动地说："我可怜的祖国的名字已从地图上消失，但我要让祖国的芳名永远铭刻在人们的记忆中。我想把我们刚刚发现的元素叫做'波兰'——钋，你同意吗？"皮埃尔望着可敬的妻子，认真地点了点头。1899 年 7 月 18 日，他们公开宣布发现了一种新元素叫"钋"。

其实，"定"是需要专注的。因为专注是成功之道，做人做事都要专注。做事要专注，就是要集中精力打造核心竞争力，在所从事的领域做出业绩来。

（二）"不知止则不知福，不知足则易招祸"

当然，"定力"也是需要克制的。因为克制就是知止、知足。历史事实告诉我们，不知止则不知福，不知足则易招祸。[①] 可以说，相对于"聚金敛财"，"清正廉洁"就是克制；相对于"好逸恶劳"，"勤奋工作"就是克制；相对于"愚昧落后"，"科学文明"就是克制。如此对应辨证的词句，我们还可以归纳出许多。

《醒世恒言》中有这样一个故事：录事薛某，高烧中梦见自己化为一条金色的鲤鱼，几天不曾觅食，肚中非常饥饿，这时遇

---

① 《领导者应注重提升自己的三种能力》，《发展论坛》2009 年 12 月 10 日。

一渔夫垂钓，明知饵上有钩子，但终因难耐饵香的诱惑，便张嘴吞饵，遂成渔夫的钓物。由此可见，薛录事被钓都是因为“眼里识得破，肚里忍不过”啊。现实生活中的“忍不过”者又何止薛录事？现今的一些贪官，他们自以为聪明，终因“忍不过”而吞下了“诱饵”，祸延国家和人民，元疑亦殃及自身。因而，各级领导干部一定要引以为戒，既要“识得破”，还须“忍得过”。这就需要时刻保持清醒的头脑，以党纪国法、道德准则为准绳，时常检查自己、反省自己、约束自己，兢兢业业、干干净净为国家和人民工作。

之所以要加强党的领导干部作风能力建设，就是要把培育和提升定力作为重要内容。如果领导干部心态好、定力好，那么自律意识就强；如果领导干部心态与定力不好，那么潜在的不健康意识和欲望就可能膨胀起来。事实表明，“领导干部只有以积极向上的心态对待工作，以平和清静的心态对待名利，以科学健康的心态对待工作，以知足的心态对待生活，以敬畏的心态对待党纪国法，以宽是害、严是爱的心态对待组织和同志的监督，在内心形成一种强大的‘定力’，那么才不会使自己的思想失重、操守失据、防线失守。”①

某大公司准备以高薪雇用一名小车司机，经过层层筛选和考试之后，只剩下三名技术最优良的竞争者了。这时，主考官问他们：“悬崖边有块金子，你们开着车去取，觉得能距离悬崖多近而又不至于掉落呢？”“两公尺。”第一位说。“半公尺。”第二位很有把握地说。“我会尽量远离悬崖，愈远愈好。”第三位说。结果这家公司录取了第三位。

这个短故事告诉领导干部，不要和诱惑较劲，而应离得越远越好。

实践过程是这样告诉我们的，定力是处变不惊，定力是胸怀

---

① 田文平：《党员干部如何树立正确的幸福观》，《四川日报》2010年3月31日。

博大，定力是泰然处之。那些定力不够的领导者，常常会因为自己的冲动将企业毁于一旦。须知，做企业不是搭积木，一不耐烦可以推倒重来；而企业推倒了，就不见得再有重建的机会了。所以，“作为企业、事业的领导者需要克制自己的情绪，不要被冲动和鲁莽冲昏头脑。知之而后定，企业、事业的领导者必须要有定力。要得到定力，就要修身，修身才能齐家，齐家才能治国，治国才能平天下。”①

（三）心态影响状态，状态决定结果

一个领导者必须明确，如果自我心胸狭窄、性情急躁，没有一颗平和的心、没有定力是做不成大事业的。

在一个市场竞争日渐残酷的社会，心态浮躁既是一般人的常态，也是领导者的通病，其甚者，或患得患失迷失方向，或急于求成，因此而使组织陷入被动，甚至葬送大好前程。其主要的原因是，这些组织的领导者们没有良好的心态。

事实表明：心态影响状态，状态决定结果。就拿下围棋来说，中、日、韩国的不少棋手都具备拿世界冠军的实力，可却唯有李昌镐一人能够长期称霸于世界棋坛。李昌镐号称“石佛”，“佛”已看破红尘，参透生死，再加上一个“石”字，那“罕见”的稳定状态，正是他“称霸”的根本原因。所以，领导者切不可低估了这个“石”字的含义。

在历史上，诸葛亮的“神机妙算”可称得上有口皆碑，就连那大名鼎鼎的曹操、司马懿都闻风丧胆。这其中，为数不少的人只看到了刘备的充分信任和诸葛亮的超人智慧，但他们却忽略了诸葛亮有着“淡泊以明志，宁静而致远”的良好心态。在绝大部分时间里，诸葛亮都能始终保持着平和稳定的心态。例如：当传言吴、魏将联手攻蜀，蜀汉朝野上下惊恐万分时，他为了不受他

① 杨思卓：《领导者的定力、魅力、耐力与魄力》，《新智囊》2009年1月21日。

人的影响，便称病在家，结果数日内，运筹帷幄；数日后，则退敌千里。还如他的“空城计”，于城头的弹指之间，司马懿就望风而逃了。正是诸葛亮心态的超级稳定，使他帮助了刘备父子，打下了蜀汉天下，当然我们也不能否认，即同时成就了他自己的绝代英名。更不应忘记的是，后来由于他的急于求成，而对手司马懿却心态泰然，使他“出师未捷身先死”，最终又把好端端的蜀国“送”给了司马王朝。

组织领导者的心态还常常影响着他的科学决策，从而决定了组织的方向和前景。组织决策者心态好，其表面平和，内心稳定，思虑清澈，方向明晰，遇事理智，失误必然较少；反之，则往往屡出“昏招”，甚至失败了还不知为何失败。可以说，决策者养好心态，既是厚积薄发之道，也符合以退为进之理。应该说，这是领导者最重要的“基本功”。

李嘉诚在谈到他的经营秘诀时说：“其实也没什么特别的，好景时，绝不过分乐观；不好景时，也不过度悲观。在衰退期间，大量投资。我们主要的衡量标准是，从长远的角度看该项资产是否有赢利潜力，而不是该项资产当时是否便宜，或者是否有人对它感兴趣。”①

不过分悲观，也不过分乐观，从长远角度去投资，这是一种人人都明白的投资理念，可惜能做到的人很少。为什么？不是因为技巧有多难，而是因为缺少客观的眼光和平和的心态。

七、共仰的威力

威信，《辞海》解译为：“声威信誉；众所共仰的声望”。其实，威信就是我们通常说的“群众基础”，是群众对个体（主要指领导者）的评价，它将全面衡量着人的品德、才能、气质和学

---

① 古古：《你为什么是穷人》，《世界经理人周刊》。

识，是对德、能、勤、绩的综合检验。

（一）权威要通过自己的实践去树立、去彰显

在日常工作生活中，我们常听到一些领导干部对权威失落的叹息，常看到老百姓挑战“官府”权威的理直气壮，常感到上级在下级面前缺乏权威的无奈。事实上，“权威既不是自己喊来的，也不是自己要来的。权威的获得途径只有一条，那就是通过自己的实践去树立、去彰显、实践出真知、出权威、出英雄。一个领导者要获得真正的权威，必须有刚柔相济的魄力、聪明睿智的魅力和众所共仰的威力。”①

共仰的威力，往往在企业等行业、领域面临严峻形势的情况下，领导者采取果断的措施解决应急问题，同样会取得良好的结果。

有一家大型生产企业集团总公司，它所属的一个分公司，存在严重的经营不善问题。于是，总公司派去一名领导去负责，并被告知要尽快“扭转”这个分公司的经营被动局面。新领导对单位总公司给他的大量有关分公司现状的资料研究之后，决定必须马上进行重大改革，以挽救分公司。他自己的第一次登台亮相便采取了大胆的但又必要的措施。

他带来五名助手和两个装满了有关单位资料和分析材料的手提箱，在赶赴分公司之前的两个多小时之内才通知这家分公司的管理部门，一到该单位便立即召集35名高层领导开会。在会上，他简要地概括了他对这家公司现状的分析意见，同时，阐明了该单位会后的基本发展思路。他明确地指出了该单位目前的经营行为存在的问题。随后，他当场解雇了四名高层领导并限令他们3小时之内离开本单位；他明确宣布如果谁试图阻挡他对该公司的拯救行动，他将严肃处理。最后，他宣布他的助手将安排他从第二天早上7点开始与每位经理谈话。这样，一个小时的会议结束

① 吴建明：《魄力、魅力、威力》，《领导科学》2007年第11期。

了。在随后的关键的六个月中，那些留在这家分公司的人都积极与他合作，这家分公司的效益大幅度地提高。

不难看出，这就是以快刀斩乱麻的方式，坚决果断地用强硬的手段解决问题的一个成功范例。这位领导为扭转单位的局面而采取了极端的措施。可以估计到，他的集权管理可能会导致他手下领导们的集体辞职，但他还是那样做了。因为，他觉得除此以外再没有什么办法能使大家立即配合他的行动。应该认识到，有的时候，使用说服的方法太费时间，而且如果人们不听从劝说，所以说服的方法将会完全失效。

（二）“高山仰止，景行行止”

在现实生活中，在围绕着怎样树立领导者威信，以及领导者有何威力这个问题上，往往存在着一些模糊的认识，例如：有人认为职务越高威信越高的“以职树威”论；有人认为资历越老威信越高的“以资树威”论；也有人认为权力越大威信越高的“以权树威”论；还有的则认为只有“威风凛凛”才能威加四方的“以威树威”论。①

以上种种树威的方法，人民群众实在不好认可。因为，在领导者职权、资、威的背后，隐含的不仅仅是自我价值的恶性膨胀，更隐含着对私欲的追求。细细琢磨一下，便晓其然，那就是现在有一些领导者，确实毫无威力可言，其主要表现：他们困难单位不敢去，下级的问题不敢管，命令无人执行不敢究。调查一下原因，一是能力不强，没人服；二是人格不正，没人听；三是业绩不彰，没人恭。这就要求领导者必须以“高山仰止，景行行止”来要求自己。

“高山仰止，景行行止”出自《诗经·小雅·车辖》，汉郑玄注解说：“古人有高德者则仰之，有明行者则而行之。”郑玄把“高山”比喻崇高的道德，“仰”是仰慕；“景行”是“明行”，即光明

① 《成功领导者的权威是什么》，《福州人才》2010年2月9日。

正大的行为，是人们行动的准则。以此比喻一个人的学问和品行，即品德像大山一样崇高的人，就会有人敬仰他；行为正大光明的人，就会有人效法他。

孙克骥将军可称得上“高山仰止，景行行止”之人。

2009 年 4 月 3 日上午 9 时整，在庄严而肃穆的乐声中，孙克骥将军的骨灰安放仪式在闽北革命历史纪念馆前举行。孙将军的骨灰返回故里武夷山落地安放，孙将军的英魂永远与武夷山的山山水水融在一起。

作家贾利芳写道：孙克骥调到军科院以后，对某些政工干部不研究问题的现象十分不满，很想激励一下，又不想用语太过严肃。就说：“人之所以不同于猴子，就是人会用脑子，会出主意、想办法，研究解决问题。”要求大家不要再退回去做猴子。不仅如此，这位作家还例示出孙将军“批判说理”的智慧，指出其在《社论：论叶挺之捷》中说：“蒋介石和他手下的一大群笨伯，又是何等天真地把叶挺县划为清剿的模范县，并且还要恭请外国记者来参观，从而讨好美国爸爸，以便希望从桌上扔下一块牛排。想不到历史是这样无情，这样残酷，所谓‘散匪’、‘残匪’，竟会在战争‘已成尾声’的 8 个月之后攻克了他的‘模范县’——叶挺城。”他用“笨”、“天真”、“从桌上扔下”来勾勒对手的形象，举重若轻，轻松乐观。用“散匪”、“残匪”来指敌人眼中的人民军队，则正话反说，诙谐讽刺。[1]

在这位作家的笔下，将孙将军的学问和品行描写得多么恰当啊！孙将军的品德就像大山一样崇高。所以，孙将军就是我们敬仰和效法之人。

（三）“众所共仰”，威力服众

怎样才能拥有众所共仰的威力呢？领导干部应该从以下几个

---

① 贾利芳：《高山仰止，景行行止——读孙克骥将军“夕拾集有感”》，《福建党史月刊》2009 年第 14 期。

方面加以努力。

一是以德树威，即以优良的品德感染人、感动人。道德是“为人之本”，为官者如果品德高尚，自然就会在群众中产生良好的人格力量，威望就会不言自高了。

二是以学树威，即以广博的学识折服人、征服人。事实上，广博的学识是领导干部应具备的基本素质，也是领导干部树立威力的重要途径。可想而知，群众对工作上的业务知识、对感兴趣的问题问领导，而领导却一无所知或是是而非，能取得“威信”吗？

三是以才树威，即以超群的才干带动人、影响人。一个才干超群的领导者，能够使人产生一种依赖感和安全感，即使遇到了艰难险阻，群众也会在你的感召下义无反顾地跟着你干。

四是以信树威，即以诚实的态度取信人、说服人。“信”就是要讲信用，说话办事要有诚信。实践表明，凡是成功的领导者，一定是“言必信，行必果”之人。只有在任何情况下都不失信于民，你才能在群众中享有崇高的威望。

五是以情树威，即以真挚的感情凝聚人、团结人。在工作生活中，领导者只有以群众的利益为最高利益，才能与群众建立起牢不可破的感情。也只有这样的领导，才能获得人们的信赖，从而形成自己的领导权威。

八、敏锐的辨力

辨力是指分辨识别事物的能力。辨能去除迷惑，辨能避免灾祸。

现在社会纷繁复杂，新生事物和现象层出不穷，工作中也会出现很多矛盾，这都要求领导者提高分辨能力，多分析，把事物的本质看透，从而防止盲目决策引发不良后果。

（一）机会与陷阱往往就在一念之差、一步之距

“辨”，我们需要大局意识。许多事情看似简单，其实纠结着方方面面的关系和利益，而且往往是少数管理者的利益和群众利益相抵触。这时，领导者就要敢于、善于拨开表面利害关系的迷雾，以动态的眼光认识和把握好全局利益与局部利益的关系，自觉地把人民群众的利益放在首要的位置。

“辨”，我们需要长远眼光。考验领导者是否具有长远眼光的关键，主要在于其能否居安思危，能否及时预测到危机的出现，并且能以最快的速度作出反应。如果领导者始终能意识到要走在变化的前面，调动一切资源扎实地做事，对本部门本单位的发展是很有益处的。①

应该说，领导者、企业家精神的实质是创新，其中包括对机遇或机会的敏锐性，以及在预感到机会来临时敢于捕捉机会的胆识。须知，如果抓住了机会，并能策划后得到有效实施，那么，企业会因此而赢得大好的发展新空间和业绩；如果在机会捕捉中稍有不慎，或策划不周，或实施不力，那么，就可能会身陷其中，使企业发展掉入陷阱、遭遇困境。所以，机会与陷阱往往就在一念之差、一步之距。

有一个年轻人，总想发财。每当听说哪里有财路，他就不辞劳苦地去寻找。有一天，他听说附近的深山中有位白发老人，若有缘与他见面，则有求必应，肯定不会空手而归。

于是，年轻人便连夜收拾行李，赶上山去了。

到了山上后，他苦等了5天，终于见到了传说中的老人，他向老者请求，赐珠宝给他。

老人便告诉他说：“每天早晨，太阳未东升时，你到村外的沙滩上寻找一粒‘心愿石’。其他石头是冷的，而那颗‘心愿石’却与众不同，握在手里，你会感觉到很温暖而且会发光。如

---

① 《领导者应注重提升三种能力》，《发展论坛》2009年12月10日。

果你寻找到了那颗‘心愿石’，你所祈祷的东西都可以实现了。”

青年人很感激老人，便赶快回村去。

每天清晨，青年人就在沙滩上检视石头，发觉不温暖也不发光的，他便丢下海里去。日复一日，月复一月，青年人在沙滩上寻找了大半年，却始终也没找到那块温暖发光的“心愿石”。

有一天，他如往常一样，在沙滩开始捡石头。一发觉不是“心愿石”，他便丢下海里。一粒、二粒、三粒。突然，“哇……”青年人哭了起来，因为他刚才习惯地将那颗“心愿石”随手丢下海里后，才发觉它是“温暖”的！

这个故事告诉我们，当机会降临眼前时，很多人都习惯地让它从手上溜走，一旦发觉时，就后悔莫及了，而此时“哭”和“知道”都是没用的。

那么，为什么不少企业，特别是一些令人瞩目的企业会跌入机会陷阱呢？

第一，就是在作重大决策时缺乏理性分析，脱离或偏离实际地做出了决定。依据思维的惯性、思维的定式，人们对一时占据自己心灵的想法会特别珍爱，所以这时已经听不进不同的意见了，而对正面的信息和各种赞扬感兴趣，于是就跌入了“机会陷阱”。

第二，就是企业在成功发展或取得巨大成就面前，企业家的权威不断增加，以至有的领导到了“忘乎所以”的程度。这样，就在一片的赞扬、赞颂的歌声中，企业家就从自信变成了自负，此时企业内部便缺少了必要的权力监督机制或权力制衡机制，于是，企业家很容易盲目决策，自然也就增加了企业掉入“机会陷阱”的可能性。

（二）抓住机遇是领导者、企业家的重要职责

那么，怎样防范企业跌入“机会陷阱”？

一是企业应在发展过程中逐步明确自己的愿景和使命，这样在遇到机会时会迅速依据愿景和使命做出判断。从“愿景和使

命”出发，去分析哪些是符合企业愿景和使命的，是企业想要的；从此出发，去分析哪些不是企业想要的，即不符合企业的发展愿景和使命。这样既决策迅速，又不至于迷茫或受机会诱导，甚至掉入陷阱。①

二是企业特别是企业家要学会反向思维、换位思考问题的方式。也就是说，当领导者要拍板时，从“反向”思考面临的决策，从竞争对手、合作伙伴的角度认真思考要做的决策，然后即质疑自己：这样决策，它的合理性何在？可行性何在？这样，决策的理性就大大提高了，犯错误的机会也就大大降低了。在讨论中，倘若重大决策得到的是一致赞扬，没有任何异议，这就说明大家对问题的认识还不够深刻（没有上升到理性），需要一点时间，即继续深入研究后再做决策。

三是企业家在其成长中要不断学习和反思，不断提升自己的判断力和自控力。当自己情绪不稳定时，一定不要作重大决策。同时，要尽力地去激发大家广开思路、言路，善于捕捉不同的意见。尤其在自己有较高权威的情况下，要刻意在企业内部、特别是决策团队中形成群言堂和权力制约机制。

应该认识到，抓住机遇是领导者、企业家的重要职责。好的机会，往往会因为没有执行力或因为没有得到有效的实施，往往转化为陷阱的。；而不十分看好的机会，也是会因为策划到位和实施有效而转变为好的机会。须知，高超的领导艺术，往往贯穿于捕捉驾驭机遇的全过程。

那么，在企业面临危机的情况下，应该如何应对呢？对此，不应该采取逃避之态度；须知，信息世界不可能有信息真空，越逃避，危机只能越来越严重。而是应该采取积极回应的态度，这样就不会留给他人传谣言的信息空间，这些都是值得企业管理人员学习的。

美国某药业公司生产泰莱诺止痛片，由于疗效的独特，所以产品问世以，后迅速地占领了市场40%以上的份额。但一段时

---

① 席酉良：《机会与机会陷阱》，《管理学家》2007年7月31日。

间后，芝加哥州竟传出有七人服用该产品而死亡的消息，其中还发现剧毒氰化钾成分。一时间舆论大哗。那么，泰莱诺是如何渡过难关的呢？

第一周，该公司配合警方进行调查，在全国铺天盖地地播放广告，让人们不再使用泰莱诺产品。后来，警方终于查出60份收缴来的含有氰化钾成分的泰莱诺上面均有针孔，可见是有人有意陷害。于是，泰莱诺又铺天盖地地发布广告，声明“责任不在本公司，我们也是受害者”，并且租用卫星频道在20多个州同时举行新闻发布会。在会上，“泰莱诺”公司出示了他们新研制的有异物接触不能保持原样的新泰莱诺胶囊。第三周，“泰莱诺”公司再次铺天盖地地做广告，还采用发送优惠券、设立热线电话回答病人咨询、设立专家组巡回演讲等方式挽回民心。经过三周，泰莱诺不但没有因此倒闭，相反，更赢得了人们的支持，并逐步发展了起来。

学会在研究状态下进行领导工作

一、在研究状态下用权

（一）权力本身并不坏，关键是如何使用它

对领导干部来说，手中或多或少都掌握着一定的权力。能否正确地看待和行使手中的权力，是对每一个领导干部的根本性考验。有的领导干部之所以走上犯罪的道路，一个重要原因就是他们没有树立正确的权力观。其实，“权力是一柄‘双刃剑’，用得好是为人民服务，用不好就会使权力变味儿，变成以权谋私的工具，不仅会使掌权者变质、涉险，更会使党的事业和人民的利益受损”。① 这话说得很有道理。一言以蔽之，权力确实能使人高尚，也确实能使人堕落；权力能成就一个人，也能毁掉一个人。

我们说，权力本身并不坏，关键是如何对待它。正确使用它了，权力就能成为造福人民的“耕牛”，如同大家所知的郑培民、牛玉儒、任长霞等人，他们就是正确使用权力、造福人民的典型楷模；如果不能正确对待它，权力就有可能成为放荡不羁的“烈马”，如同大家所知的成克杰、胡长清、王怀忠之流，他们都因滥用权力而付出了沉重的代价，结果受到了法律应有的惩罚，遭到了世人的唾弃。

---

① 董志辉、林瑞国：《权利是一柄双刃剑》，《中国工商报》2007 年 4 月 10 日。

1. 正确使用权力，须有“一枝一叶总关情”的亲民意识

领导干部的亲民实践告诉我们，只有在感情上与群众融为一体，思想上才会与群众产生共鸣，行动上才会向着人民，才能为老百姓慎用权、用好权。领导干部的楷模——当年兰考县县委书记焦裕禄，对老百姓爱得朴实，爱得执著。也正是源于这种感情，他带领兰考人民战风沙、斗干旱，为改变兰考的落后面貌奉献了宝贵的生命，他用自己的行动在人民的心中树起一座永不磨灭的丰碑，至今世人仍在缅怀这位忠实于党、忠实于人民的好干部。

兰考县土山寨村原来是个有名的穷村子，村外一条小河把村子与外界隔开。这条小河虽然水不深但却没有桥，所以无论出村子还是回村子，都要脱掉鞋袜赤脚蹚过这条小河。夏秋季节还好，可处在冬春季节，人们冻得伸不出手脚，也这样蹚河，就很艰难了。但是这件“小事”多年来都是这样，从来也没有人过问，对此老百姓也就“习惯成自然了”。焦裕禄来到兰考时，正是隆冬的季节。他来到小河边，看见一个脚上生冻疮的社员要蹚水过河，就立即动手帮助群众在小河上搭起一座小桥。“小桥”，其实不过是几块大石头支着几块木板子。从此人们要过河，就再也不用蹚水了。

可以说，土山寨人战天斗地的决心就是从这里开始的，他们在不到一年的时间里，和风沙灾害的斗争取得了很大的胜利，成了兰考县的一个有名的大队。可见，一个领导干部只要能给群众搭起一座“桥”，群众就能渡到摆脱贫困的彼岸。

这确实是一件并不是需要投入多少人力物力解决的“小事”，只要哪位干部过问一下，就可以解决的问题，可就是这样一件小事，但多少年来都没有人过问此事。这就给了我们一个重要的启示：千万不要只是高唱关心群众的最大利益，而置群众最小然而最容易办到的切身利益于不顾。

焦裕禄同志去世后，土山寨全村人聚集在小桥边，默默地流

泪。有人说要给老焦树一块碑，一个社员指着小桥说："这就是老焦的碑"。

2. 正确使用权力，须有"当官不为民做主，不如回家卖红薯"的为民情怀

古人云："乐民之乐者，民亦乐其乐；忧民之忧者，民亦忧其忧。"① 关心群众疾苦，就应善于利用权力全心全意为人民办实事、办好事，使人民群众不断得到实惠。当年林县县委书记杨贵在极其艰苦的条件下率领全县人民建成了红旗渠，解决了世代困扰林县人民的用水问题，至今人民以文艺作品等形式赞颂他、永远纪念他。

3. 正确使用权力，须有"官瘦民肥"的富民责任

其实，许多领导干部在权力面前保持了清醒的头脑，在工作岗位上做出了非凡的政绩。去世前主持湖南省人大常委会工作的郑培民，在20多年的领导工作中，把为民造福作为自己的最大职责和崇高使命，"做官先做人，万事民为先"，这句话出自郑培民的心。

郑培民逝世以后，他的妻子杨力求曾追忆：1998年夏，你（郑培民）奔赴常德安乡指挥抗洪抢险，你是穿着短袖衣服去的，回来时已经是穿夹衣的季节了。也许是上天的有意安排吧，在你回来的那一天，正好是我的生日，你放下行李的第一件事儿，就是脱下满是泥浆的迷彩服。随后，就把儿子叫来为我俩拍了一张合影，以此作为送给我的生日礼物。照片洗出来之后，我指着照片开玩笑地对你说："你看，我白白嫩嫩的，你却晒得像只乌龟，我俩真是黑白分明啊。"你看着我说："别人连家都没有了，我晒黑一点又算得了什么呢？面对危险和重如泰山的责任，我不下地狱，谁下地狱。老郑，你就是这样，为了党的事业

---

① 孙玉欣：《浅析政府信用的作用及其提升途径》，《中小企业管理与科技》2009年12月上旬刊。

和人民的疾苦，你从来不吝惜自己的身体甚至是生命。到后来，我才知道，在1998年抗洪的那段日子里，你的血压始终在110—150毫米汞柱之间，这可是很危险的血压值啊。

郑培民的儿子郑海龙是这样记述的：我家还曾经历过一次小偷的“考验”。记得是1998年，两个小偷翻墙进入省委机关，撬开了我家的大门，把所有抽屉全倒出来了，就连柜子里的衣服也都抖出来了，进行反复搜寻，也没有找到什么值钱的东西。最后，小偷从我家里偷了4000元钱和几条香烟，其实，这4000元钱是我妹妹出差后尚未归还的公款。几个月之后，盗窃案被公安局侦破了，小偷的坦白和我家报案的数字完全吻合。

正因为郑培民把精力都放在了工作上，所以他带领群众干一地、兴一地，管一行、兴一行，帮助群众致富，深受群众爱戴。原因何在？就是他把权力当作了一种责任。只有按人民的意愿认真履职，尽心尽力用好权，才能做到为官一任、造福一方。

4. 正确使用权力，须有“防意如城”的心理防线

现实生活中有那么一些人，善于察言观色，善于、精于揣摩领导人的意图。领导嘴馋了就弄吃的，瞌睡了就送枕头，想钱了就帮着去捞，想玩了就安排游览的地方。时间一长，一些意志薄弱的干部就有可能挡不住诱惑。

领导者身边的拥护者和追随者，是开展好工作的群众基础，对此应该很好地爱护和关心他们。但是，领导者也必须警惕怀有某种不可告人目的“马屁精”。在日常工作中，他们总是以伪装的面目出现在领导者的身边，趁机扰乱领导者正确地识别人才，甚至给单位、国家和社会造成严重的危害。

从历史上看，北宋周邦彦本来很不得志，“浮沉州县三十余年”。只是因为大奸臣蔡京过生日时，他给蔡京献了一首歌功颂德的诗，周邦彦便从此平步青云；遗臭万年的秦桧，他曾经问别人：“某可比古何人？”一人回答说他超过了唐代名将郭子仪。秦桧听罢非常高兴，说：“好。”遂将此人“骤荐用致执政”。我

国历史上不少有功的名将、名臣，诸如宋朝的岳飞、明朝的袁崇焕等，都是被这些奸臣害死的。对于这些深刻的历史教训，我们应该汲取。

郑培民不但自己做到了廉洁自律，而且妻子杨力求也做到了“三不”（不帮人向郑培民带任何信，不传口信，不接受任何礼品）。他们的儿子说：“在廉政问题上，爸爸把前门，妈妈守后门。”① 须知，天下没有免费的午餐，精于心计的这些人的付出，是要靠着你的权力找回利益的。领导干部只有正确使用权力，才能自觉地筑牢道德和法纪防线，筑牢反腐倡廉的“堤坝”。

（二）用权肯定有术，问题是什么性质的“术”

领导人在使用自己的权力时，应该首先想一想，你的举措，是能够让部下感到公平的希望，还是让部下感到不公平的威胁？

刘邦得天下以后，面临着分封功臣的难题。在多年的楚汉相争中，功臣太多，如何“摆平”这些战场上厮杀出来的“牛人”，成为这位新天子的当务之急。汉高六年，当刘邦先把张良、萧何、曹参等大功臣分封后，众多的中小功臣如何分封就成了麻烦事儿，可谓“日夜争功不决”。于是，刘邦就把这件事搁置起来了。但种种迹象表明，这种搁置有可能造成更大的危机。

刘邦在洛阳皇宫的阁道出行的时候，看到他的将军们三五相聚，议论纷纷。见此情形，刘邦就问谋士张良，将军们在议论什么呢？当时，张良就挑明了说：“此谋反耳。”当时，刘邦大吃一惊，说：天下已定，为何谋反？张良说：你的天下就是这些人打下来的，现今你分封的全是亲信、诛灭的全是仇人啊。他们盘算，整个天下也不够分封，因而封谁不封谁就成了大事。这些战场上打出来的将军们难免有过去得罪过你的，他们不但担心不能受封，而且还担心秋后算账呢，因此相聚一起谋反。对此，刘邦

① 《公仆本色：追忆湖南省委原副书记郑培民》，《人民日报》2005年1月16日。

十分担忧，就向张良讨教相应对策。张良就问刘邦：皇上平生所憎恨，且群臣所共知的人，谁最突出？刘邦说：莫过于雍齿这个家伙了，我没起事时就同他有仇，后来他多次窘辱我。早就想杀了他，但他确实功劳多，所以我不忍心下手啊！张良就建议刘邦先封雍齿，以便稳定众人。于是，刘邦把其他人都搁置一边了，先封雍齿为什邡侯。与此同时，催促丞相和御史定功行封。众将领一看，果然放下了心："雍齿尚为侯，我属无患矣。"就这样，一场危机被消弭得无影无踪了。

按理说，刘邦就是把雍齿杀了，也有充分的理由。且不说刘邦还是平民时两人就有过节，就是雍齿在刘邦手下为将时，也有不可赦之罪。当初刘邦带兵出征，留下雍齿守卫老家丰地。结果雍齿投降了魏王，使刘邦连老家都丢失了。但是，杀雍齿容易，要保证所有将领都忠心耿耿却不容易啊。由此可见，刘邦借用雍齿的受封之策，保证了刚刚诞生的王朝安宁。

这件事儿发生虽已历史久远，但今天对领导者们来说仍不失其借鉴价值。

应该说，部下对领导人的追随，领导人赢得部下的信任，公平是必不可缺的因素。值此，不管对公平的理解有多大的歧义，但部下感受不到的公平就不是公平。刘邦对待雍齿，即使杀了他，也能义正词严地讲出比较充分的理由。不过，部下从中不能感受到公平反而会感受到威胁、感受到恐惧。而当刘邦接受张良的建议分封雍齿，对刘邦来说，把雍齿过去的恶行劣迹一笔抹过，似乎有点不大公平，甚至对那些比雍齿强的人来说也不见得公平，但刘邦的其他部下却能从中得到公平的信息。而这一公平信息的传递，在当时就显得尤为重要了。

不可否认，刘邦的这种做法，确实带有一定的权术色彩。对于权术，领导学、管理学界有褒有贬。一般来说，玩弄权术并不可取。但是，在特殊情况下，而且加上一定的限制条件，权术也有现实意义、也有积极的意义。作为一个领导者，除非你不用权，一旦用权肯定有术，问题是什么性质的"术"？管理有道，常道为经，变道为权。这个权不是权力，而是权变。尽管刘邦封雍齿也是权术，但这种权术是用来彰明“公平大义”的，而且是用来应变的，即稳定刚刚诞生的王朝。鉴于此，这个例子对于领导人在用权中如何用术也有一定的启发。谁也不能否认，时代、世间万事万物都在变化着，那么，用权的方式方法岂能千古不变？若不变，“策略的灵活性”这个词也就失掉了它存在的意义。

（三）要善于综合发挥权力影响力和非权力影响力

在领导学上，领导者与被领导者构成领导活动的一对基本矛盾。领导活动的全过程犹如一场剧，只要帷幕一拉开，领导者的言谈、举止、行为、风度等，都将成为被领导者评价领导者能力的根据，并于评价中决定着领导者威信的消长。“高明的领导者，总是善于综合发挥权力影响力和非权力影响力，如领导的带头和表率作用，在下属中树立起应有的领导权威”。[1]

近年来，人们对非权力影响力在领导权威形成中的作用给予较多的注意，这无疑是对的。因为权力影响力与非权力影响力密切相关，相辅相成，是领导者有效影响或改变被领导者心理和行为的两种力量，缺一不可。但是，领导者更应该注重发挥权力影响力的作用，并将其作为提高领导权威的基本途径。为什么这样讲呢？因为从非权力影响力的作用机制来看，它是集中表现为通过权力影响力而发生作用的。

作为一个领导者，走马上任以后，不能等到非权力影响力可以发挥作用了，再开始领导活动，这样不仅不会获得非权力影响力，甚至会丧失权力影响力。

《三国演义》中关于诸葛亮树立领导权威的描述很能说明这一问题。事实上，诸葛亮初任军师之职，关羽、张飞二人对其冷

---

① 赵文江：《改进领导方法，提高领导艺术，做好本职工作》，《肃南党建》，2008 年 3 月 12 日。

嘲热讽，颇不服气，众将也疑惑不定。在这样的历史境况下，诸葛亮只好动用权力影响力，以“剑印在此，违令者斩”来保证自己的决策得以实施。关、张虽不是心甘情愿地执行命令，但大获全胜后切身感受到诸葛亮的真才实学，只好“下马拜服于车前”。诸葛亮这种非权力的影响力，是通过有效行使权力影响力产生并发挥作用的。

特别是那些管辖范围比较广、管理人员多的领导者，不可能在较短时间内与大多数被领导者接触并使他们了解自己，其非权力影响力的产生及发挥作用的可能性不大，这时就越要靠权力影响力发挥作用。事实表明，一个领导干部越是能够正确、充分地行使人民赋予自己的权力，越是能够正确、充分地发挥权力的影响力的作用。这样，就越能受到人民的拥护和信赖，其非权力影响力也必然越大；与此反之，如果不能正确、充分地行使职位的权力，也就很难受到下属的拥戴，被领导者就不会对他心悦诚服，也就谈不上非权力影响力的产生和发挥作用了

二、在研究状态下用人

（一）要有爱才之心

当今世界，经济竞争实质上就是人才的竞争。谁掌握了高素质的人才，谁就拥有了竞争主动权。

有资料显示：美国总统奥巴马招揽人才是多渠道的，因为“他知道如何借助公司、组织机构和大学的力量来吸引、招募、培训多样化人才。例如，他调用了麦肯锡公司的高级客户服务人员网络，挑选托尼·米勒和吉姆·谢尔顿分别担任教育部副部长和教育部创新改进科助理副秘书。还同时借用了私立学校和公立学校的网络。比如，他找到了某个与哈佛大学、弗吉尼亚大学或者加利福尼亚大学伯克利分校的毕业生网络联系紧密的人，这个

人就会向奥巴马推荐各种高端的多样化人才”。①

1. “为政之要，帷在得人”

其实，增强人才意识，就是要在人才问题上进一步增强大局意识、忧患意识和责任意识，牢固树立“人才资源是第一资源”的观念。领导干部要具有爱才之心，也就是要真正从思想上重视人才，从感情上贴近人才。萧何“月下追韩信”，结果促成了刘邦建汉；刘备“三顾茅庐”，结果成就了三国鼎立伟业，这些都是“爱才”的佳话。在新的历史条件下，那么领导干部的爱才之心从哪里来？就是来自于对党和人民事业的忠诚。一个有强烈事业心和责任感的领导干部，必然会对人才有一种真挚的感情和满腔的爱心。

1929年，北平艺术学院的院长徐悲鸿，去出席一个画展。当时，展厅里的许多画作都没有引起他的注意，唯独挂在角落里的《河虾图》令他驻足良久。此画作者即为齐白石。陪同徐悲鸿参观的人还介绍了作者齐白石的情况，有的说他年纪大了，有的说他当过木匠。徐悲鸿却说：“没想到这里还藏着一位杰出的国画大师！”不久，徐悲鸿不顾别人反对，毅然聘请齐白石为艺术学院的教授，一年之后他又亲自作序推荐《齐白石画册》。从此齐白石名扬天下。

可以说，徐悲鸿发现齐白石这位创造型人才，完全是根据作者作品的质量，而不是根据作者的年龄、文凭、出身和其他方面的因素。事实上，齐白石之所以名气小不是因为没能耐，而是因为藏在深山人不知，因为尚未得到人赏识。可以想像，如果没有徐悲鸿的慧眼识人，齐白石很可能一辈子默默无闻。

事实表明，古往今来能够成就一番事业的政治家，都十分重视人才的选拔和任用，都十分尊重和爱惜人才。正因如此，人们把君主如何看待人才，以及如何与人才相处，给予区别“帝、

① ［美］谢尔·利思著；毛乐译：《跟奥巴马学领导》，科学出版社2010年9月版，第150页。

王、霸、亡”四种境界。在他们看来，最圣明的“帝”，如舜、尧，把人才看作老师；英明的王，如禹、汤、文、武，把人才看作朋友；那些历史上的“霸主”，如齐桓公、晋文公，则把人才看作臣子；而亡国之君，如桀、纣，则是把人才看作奴隶，任意宰割。

战国时期有个叫郭隗的政治家，通过研究分析这种情况，指出：“帝者与师处，王者与友处，霸者与臣处，亡者与役处”，①此言与历史事实一对照，可以说是一言中的。那么，这四句话是什么意思呢？郭隗先生回答说：想成帝业的人以贤者为老师而与他相处，想成王业的人以贤者为朋友而与他相处，想成霸业的人以贤者为大臣而与他相处，亡国之君把贤者视作奴仆而与他相处。不坚持自己的意见而侍奉贤者，面向北，恭恭敬敬地拜贤者为师，接受他的教诲，那么比自己强百倍的人就会来，行动在贤者前，休息在贤者后，最先向贤者虚心请教，最后才住口停问，那么比自己强十倍的人就会来，别人怎么干，自己也怎么干，那么和自己能力相等的人就会来，拄着手仗，斜着眼睛示意，指手画脚指挥人，那么供人使唤的仆人就会来，如果瞪眼睛，拔拳头，暴跳如雷地大声斥责人，那么唯命是从的奴隶就会来。这是古代行王道得人才的方法啊。

唐太宗李世民讲，“为政之要，唯在得人。”毛泽东讲，“政治路线确定之后，干部就是决定的因素。”② 邓小平讲，“中国的事情能不能办好，社会主义和改革开放能不能坚持，经济能不能快一点发展起来，国家能不能长治久安。从一定意义上说，关键在人。”③ 这都是讲领导者为什么要爱才惜才、尊重人才的道理。从中表明，治国之道，唯在用人；治国之道，务在举贤。人才的

---

① 邹范平：《君臣道》陕西人民出版社2006年5月版。

② 《中国共产党在民族战争中的地位》，《毛泽东选集》第2卷，第514页

③ 《邓小平文选》，第3卷，人民出版社1993版，第380页

得失关系到事业的成功和国家的兴衰。

从历史上来看，那些有胆识、有远见的统治者的一个共同特点，就是爱才惜才、尊重人才，并能做到知人善任，靠人才使国家发展、靠人才使国家强盛。事实上，中国历史上曾经出现过的许多“盛世”，如“太平盛世”、“贞观之治”等，都与当时一代有所作为的君主能够知人善任，有着十分密切的关系。因此，战国时期思想家荀况指出：“治生于君子，乱生于小人”。①

领导者爱惜人才，就要坚持“事业为重，人才为本”的原则，这样才能高瞻远瞩，扩大视野，通过各种渠道来发现大批有用人才。

抗日战争时期，有一位病理学家是日本一所医科大学的毕业生，曾在北平任过医学院的教授，技术很高，他的学生遍及我国的冀中平原。当时有人动员他参加革命队伍，他却提出了三个条件：第一是，要一匹马代替步行；第二是，不吃粗粮；第三是，来去自由。对此，有关干部听了直摇头。可是聂荣臻司令员却同意了这三个条件，欢迎这位病理学家参加革命队伍。他说，一个好的医生参加革命队伍，成千上万的伤病员就会得到救治，就会重新走向战场消灭敌人。另外，我们这样做，不只是他一个人参加革命队伍，这会吸引更多的知识分子投身到革命队伍，对革命事业做出贡献。何况，他们参加革命队伍以后，认识会逐步地发生变化，有可能这三个条件一条也不要了。不久，这位病理学家参加了革命队伍，他的很多学生也随着他参加了革命队伍。过了一段时间，这位病理学家果然主动提出取消了那三个条件

十分明显，聂荣臻司令员的每一句话都贯穿着一个重要思想，这就是从革命事业的需要出发，大量吸引人才。

2. 让预想不到的人去干预想不到的事

领导干部或组织部门在选拔人才时，可以拓宽思维领域。即

---

① 《领导干部应树立科学的用人观》，《写作大全》2006 年 6 月 16 日。

在不违反德才兼备原则和组织程序的前提下，打破常规，把那些处于大家视线之外、自身也对新职位不存在任何奢望的对象选拔上来，这样也许会产生预想不到的效果。

1971 年 7 月 9 日凌晨 4 时 30 分，美国总统国家安全事务助理基辛格一行到达北京。周恩来总理派叶剑英等人到机场去迎接。基辛格此次访问的两个任务，就是商谈尼克松访华日期及准备工作，为尼克松访华进行预备性的会谈。当时，中国方面在与基辛格的会谈时获悉，尼克松总统曾表示希望访问中华人民共和国，周恩来总理代表中华人民共和国政府，邀请尼克松总统于 1972 年 5 月以前的适当时间访问中国。对此，尼克松总统愉快地接受了这一邀请。

事实上，基辛格原本是尼克松的政敌，而且是尼克松竞选对手洛克菲勒的得力辅佐人。1969 年初尼克松起用基辛格时，美国正处在越战失败、日欧崛起、美国人民反战之时。尼克松在白宫组建班子时，一些政界名人都拒受聘用。正是在这样的历史背景下，尼克松选中了具有冒险精神的基辛格。基辛格就任国务卿后，为尼克松政府在越南撤军、中美建交和美苏关系等一系列重大国际问题上，都做出了显著成绩。

这一事实表明，必要时即使是政敌也可以成为好的助手。

所以领导者在使用这类“特殊人才”时，要有一点敢冒风险的魄力，认真权衡利弊、把握时机。邓小平说：“改革开放胆子要大一些，敢于试验，不能像小脚女人一样。看准了的，就大胆地试，大胆地闯……没有一点闯的精神，没有一点‘冒’的精神……就走不出一条好路，走不出一条新路，就干不出新的事业。”怎样判断其是非、正误？标准就是邓小平提出的“三个有利于”：“是否有利于发展社会主义社会的生产力，是否有利于增强社会主义国家的综合国力，是否有利于提高人民的生活水平。”①

① 《邓小平文选》第 3 卷，人民出版社 1993 年 1 月版，第 372 页。

如果这一设计实施的话，这种出其不意的用人艺术，与通常采用的用人方法相比，至少产生出三个方面的好处：

其一，一经崭露头角，似待发的千里马。古语说："十步之内，必有芳草。"① 但十步之外，必有无限风光。其实，德才兼备之人，并不一定都在领导眼睛所及的范围内，他们或偏居一隅，一时默默无闻；或个性鲜明，难以唤起普遍的好感；或出身寒微，无法崭露头角。因为他们在德才兼备范围之内，所以这些人正如等待发现的千里马，只要给予他一片广阔的天地，就能使他意气风发地驰骋在疆场上。

其二，感怀知遇之恩，全身心投入工作。破格被选中的干部，必定对组织上和领导者的知遇之恩深怀感激之情，其具体表现，则是以百倍的热情投身于工作之中，激发起超常的活力和潜能。历史上，韩信曾经承受胯下之辱，本以为自己终其一生将牛马不如，没想到刘邦却让他当上了"号令天下、威风八面"的大将军，于是有了"领兵之百万，战必胜，攻必克"的无与伦比的辉煌。② 古人都能做得到的事儿，如果我们现代人做不到的话，那只能说明我们的能力正在退化。

其三，吹进一股清新之风，以新的视角观察全局。循规蹈矩提拔上来的干部，很难完全摆脱思维定势的局限。而突然闪亮登场的"黑马"型干部则可以给其所闯入的陌生领域吹进一股清新之风。"通常情况下，外行不宜领导内行，但也正因为他是外行，才能独辟蹊径，以新的视角观察全局、以新的举措推动工作的可能。所以，美国的历届国防部长都由平时从未涉足军务的文职官员担任"。③

以上说明，选拔任用领导干部的制度、机制和方法，依赖于观念的转变和更新，因为观念影响人们的思想和行为。

---

① 何鑫业：《十步之内必有芳草》，《文苑》2010 年第 5 期。

② 《领导干部应树立科学的用人观》，《天津党建》2007 年 1 月 10 日。

③ 《领导干部应树立科学的用人观》，《天津党建》2007 年 1 月 10 日。

发现和识别人才，是一个“剖石为玉、淘沙为金”的过程，这体现着一位组织干部的能力和水平。邓小平同志说：“善于发现人才，团结人才，使用人才是领导者成熟的标志之一。”[1] 他曾建议党中央总结一下用人的问题，尊重人才，广开进贤之路。

此外，推荐、任用、提拔既要看政绩，又要看潜力。政绩是人才适应现有岗位能力的综合反映；潜力是人才可以适应新岗位的预测，在现有岗位上颇有政绩或政绩突出的人才，但发展潜力不一定大，不一定能担负起更高层次的领导职务。因此，重视对领导人才潜力的识别，应是考察领导人才问题中应有之义。对此，方法固然重要，但识才者的素质更加重要。著名《人物志》作者刘邵说过：“一流之人，能识一流之善；二流之人，能识二流之美。”

人的优点与缺点同在、长处与短处共存，这是普遍现象。人才是品德和才能都比较优秀的人，但优秀不是完美无缺，人才也不是完人。因此，在选用人才的问题上不宜求全责备。鲁迅先生曾说过：“倘要完全的书，天下可读的书怕要绝无；倘要完全的人，天下配活的人也就有限。”[2] 良才如美玉，美玉有微瑕而不掩其光泽。选用人才拘泥于细枝末节，因为人才有缺点而看不到其优点和特点，就很难选拔到人才。搞求全责备，貌似严格，实际上是因瑕掩瑜、责短舍长。[3]

有这样一个故事，过去弥勒佛和韦陀不在一个庙里。弥勒佛虽然笑口常开，笑迎八方客，但由于弥勒佛管账管得不好，不清不楚，所以他所在的这个庙里边香火渐渐也就断了。可见，弥勒佛经营无方。

韦陀管账管得非常好，他所在的庙里边每一笔账都记得清清

---

① 胡线勤：《领导干部成熟的重要标志》，《人民日报》2004 年 9 月 27 日。

② 《如何对待有缺点的能人》，《人生指南》2006 年 11 月 30 日。

③ 《选用人才不宜求全责备》，《人民日报》1020 年 9 月 6 日。

楚楚，但韦陀黑口黑脸，像别人欠他二斗黑豆似的，所以他庙里的生意也不好。可见，韦陀形象不佳。

佛祖去视察这两个庙以后，发现这两个人各有优点又各有缺点，便把他俩调到一个庙里，让弥勒佛在前台搞接待，笑口迎客，韦陀本来就是一个黑口黑脸的人，只好让他在后台管账了。把他俩调到一个庙里之后，前面笑口常开，迎八方来客，后边管得井井有条，这时候再看庙里，红红火火，香火不断。①

这就说明佛祖用人得当。

但是，有些组织干部和领导者真正在选人时总会感慨缺乏人才、人才难觅，其实问题在于组织干部和领导者本身存在着两个方面的问题：一是缺乏与时俱进的意识、人才观念比较陈旧；二是缺乏识才的本领，不善于发现和培养人才。在实际工作中主要表现是：或对人才求全责备，认为不是这方面条件不够，就是那方面有缺点；或是选人视野不宽，择人渠道不畅等。要解决这两个问题，就要努力做到：

一是解放思想、更新人才观念。即做到在选人用人上，领导者既看资历但又不唯资历，坚持德才兼备但不求全责备，尤其是对特别优秀的、看准了的干部就要敢于大胆提拔。在使用过程中更要注意培养，帮助他们克服身上的弱点和不足，使他们不断进步、发展和成熟起来。

二是加强学习，提高综合素质。即要有良好的思想政治素质，政治上要坚定明白，与党中央保持高度一致，在工作中要坚持公道正派，坚持党性原则。同时要认真学习政治理论、干部政策、管理知识以及现代技能和其他知识信息，并且熟悉所从事的工作业务，使自己成为本职工作的行家里手，并能以担负的工作实绩来说话。

三是深入实际，坚持群众路线。即通过听取汇报、跟踪考察

---

① 李拓：《领导者的高效执行力》，吉林出版集团有限责任公司出版 2010 年 4 月版，第 95 - 96 页。

等方式和办法，直接掌握第一手资料，从中了解干部的政治思想水平、业务工作能力和作风。各类人才来自群众，又生活和工作在群众之中，其德、能、勤、绩、廉的情况究竟怎样，群众最有发言权。因此，要发动广大干部群众举贤荐能，真正做到用好的作风选人、选作风好的人。

（二）要有知人之道

领导干部要善于用人，首先就必须知人、识人。须知，识人是用人的前提和基础。只有对所需用人才的各种情况了如指掌，才可能做到善任。当然，知人识人是一个比较艰难、复杂的过程。

历史上，齐桓公就有知人识人方面的经验教训。开始他用管仲用对了，作为自己的丞相；管仲病危的时候，齐桓公去征求管仲的意见，商议丞相的人选一事。

齐桓公问："你看群臣中有谁能任你的职位啊？"

管促答："我了解大臣，但不知您心意如何？"

齐桓公问："你看易牙这个人怎么样？"

管促答："他杀了自己的儿子以讨你的欢心，做你的大臣。他连自己的儿子都不爱，能真心爱你吗？他这种毫无人道的人，我看他不行。"

齐桓公问："卫公子开方这个人怎么样？"

管促答：开方他"背叛了自己的祖国，留着太子不做，这种连自己的祖国都不热爱的人，能爱我们齐国吗？不能信用他。"

齐桓公问："竖刁这人如何？"

管仲答：竖刁这个人"为了亲近你，把自己处以宫刑。连自己身体都不爱护，又怎能尽忠于你，怎能做好你的丞相呢？不能任用他。"

然而，管仲死后，齐桓公没有听管仲的话，重用了这三个人。而在事实上，这三人专权作乱，使齐国很快衰亡了。比如，齐桓公病了以后，他们堵塞宫门，不许出入。当时，有一个妃子翻墙进到齐桓公的住处，齐桓公说要喝水、要吃饭，妃子说，易牙、开方、竖刁他们勾结作乱，堵死宫门，拿不到食物和水。齐桓公听了悲愤交加，十分伤心地说："正如管仲所言，如果管仲知道的话，我在九泉之下，有什么脸去见他呢？"后来齐桓公因病、因饿而死，两个月无人安葬，蛆虫爬得满门都是。

那么，怎样才能正确地看人识人呢？

第一，要全面地看人，对所选之人进行系统地了解和分析。怎样才是全面地看人呢？从横的方面来说，就是对一个人的德识才学体等方面，进行全面、系统地了解和分析；从纵的方面来说，就是对一个人的过去和现在的全部历史和全部工作进行全面地、系统地了解和分析。为此，应该进一步完善人才选拔的制度化建设，并形成良好的运行保障机制。"解决一些地方公开选拔工作随意性较大、操作不够规范的问题，最根本的措施就是必须加快制度化建设的步伐。"①

第二，在实践中看人，通过实践对所选人才作出客观地、准确地判断。一个人是不是人才，是哪个类型的人才，是哪个层次的人才，只有通过实践才能作出公正地判断。俗话说："是骡子是马，拉出来溜溜"。一匹马是不是千里马，要让它跑几圈。只有把他们放到"战场"上，才能看出是真才实学还是纸上谈兵之人。工作之中，为什么一些领导干部遇到突发事件，往往茫然无措、无从着手、消极对待；与此相反，一些领导干部却能表现出果敢顽强、处惊不乱的优秀品质，充分展现了在应急工作中的判断力和决策力。"鉴于此，我们应该积极鼓励他们放开手脚，从实践中积累经验，从实践中得到锻炼，从实践中得到提高。对于他们工作中的过错，只要不是原则性的过错，只要不是重大事故性的过错，我们都会正确地分析和对待，不轻易拆掉他们施展才华的舞台，多给他们提供发展的机会。"

① 《关于公开选拔党政领导干部制度及相关问题研究问卷调查结果分析报告》，《探索与交流》2006年5月18日。

怎样识人？对此，我们既要看到一个人与其所在群体的共同之处，又要看到这个人特有的个性。确切些说，要视其表现，要听其言观其行。尤其要注意一个人在关键时刻的表现。因为疾风知劲草，烈火识真金吗。

在历史上，第一，苏轼为了从根本上提高官吏的各方面素质，主张“不拘一格”地选用人才，实行“取之至宽而用之至狭”的方法。所谓“取之至宽”，就是要扩大人才选拔的范围，破除以往官吏升迁挑选的狭隘途径，让更多有真才实学的人为国家效力；所谓“用之至狭”，就是在尽可能广泛的人选中，采用优化原则，委任最合适的人才，精而无滥。尤为可赞的是，苏轼主张起用人才，不分出身贫贱，一视同仁。第二，在春秋战国时期，著名法家思想的代表人物韩非子，则主张从基层选拔人才，“宰相必起于州部，猛将必发于卒伍”。对此，他还进一步提出：“官职可以重求，爵禄可以货得者，可亡也。”意思就是，若官职能够因权势而得到，爵禄可以用钱财而谋求，国家就一定要灭亡。

第三，我们不仅要在实践中识别和选拔人才，而且也要实践中考察和评估人才。古人云：器必试而后知其利钝，马必驾而后知驽良。简而言之，就说对人才的考核，就是对任职的人才在道德品质、工作业务能力、工作态度和取得成绩所进行的考察、评价。人才，只有在实践中做出显著的成绩，才能得到社会和公众的认可。实践证明，把注重实绩作为依据对选才用人则是最为客观公正的。采用这一方法，它有利于“任人唯贤”和公正平等。它能够最大限度地调动人才的积极性和创造性，同时更有利于准确把握人才的本质和主流。

（三）要有用人之法

有了人才，那么，领导者又应该如何善用人才呢？

第一，优选精良，确定核心。

核心型人才具有特殊的知识、专长和技能，这些知识、专长和技能是由他长期刻苦钻研理论和丰富的实践经验的积累获得的，具有很高的智慧价值。核心人才是一个组织中的中坚人物。如三国时代刘备集团中的军师诸葛亮就是核心人才，创建井冈山革命根据地的毛泽东就是核心人才。

应该说，军事人才群体中的核心人才，才是决定群体核心竞争力的主导力量。就三国时期来说，根基相对较弱的蜀国所以能够与强大的魏国、吴国在较长一段时间维系三足鼎立的局面，很重要的一个原因就在于蜀国刘备军事集团中拥有像诸葛亮、庞统、关羽、张飞、赵云、黄忠、马超等一批“才华超众”的核心人物，而在这个军军华团里，诸葛亮是的核心。可以说，这些核心人才是决定蜀国军事竞争力的中坚力量，他们的存在使得蜀国在与其他两国的长期对抗中立于不败之地。我们在史料上也看到，正是由于诸葛亮等人才的相继离世，加之新主刘禅的昏庸和姜维等后续人才的能力有限，最终导致蜀国成为三国中最先灭亡的国家。

同时，军事人才群体中的核心人才也能够产生聚集人才的磁场效应（这种效应在军事人才群体形成初期凸显）。例如：1927年10月，毛泽东率领秋收起义部队，在井冈山地区建立了我军历史上的第一块农村革命根据地。从此，井冈山革命根据地如同一面鲜明的旗帜，指引着许多革命志士投奔到这里来。1928年4月，朱德、陈毅带领南昌起义的余部到达井冈山，与毛泽东领导的部队胜利会师，建立了中国工农红军第四军。同年12月，彭德怀、滕代远领导的红五军的一部分也投奔了井冈山。在这些革命部队中，包括了日后成长为共和国将帅的罗荣桓、林彪、粟裕、黄克诚、谭政等人，他们大都是抱着跟着毛委员干革命的志向来到了井冈山。“平江起义后上井冈山的李寿轩将军在《上井冈山找毛委员的队伍》一文中写到：‘井冈山，这是多么辉煌的名字啊！那里有毛委员领导的红色政权，那里有威名远扬的红四军。'"①

第二，公道正派，德才兼备。

我们现在提出的标准是德才兼备，这就要求选人用人的领导者做到公平正义、公道正派。如果领导者做到公道正派了，那么就会给党和人民的事业带来发展；反之，就会给党和人民的事业造成不应有的损失。

历史上，唐太宗曾说过，"以铜为鉴，可正衣冠；以人为鉴，可明得失；以史为鉴，可知兴替"；他坚持"广开言路，集众人之智"；他在用人问题上，坚持不避亲疏、不念旧恶、不宠故旧，做到德才兼备。当李世民发现杨恭仁虽然为官清廉、礼贤下士、又是先皇的旧臣，但却缺乏做宰相的才干，于是，就把杨恭仁调任地方一职。另一个人是许敬宗，他是李世民的旧臣，但"才优而行薄"②，因而始终没有让他做宰相。

正鉴于此，领导者在选拔任用干部问题上，要坚持德才兼备、公平正义，反对以权谋私等不良行为。

第三，曲直长短，各有所施。

人的才智和能力千差万别，各不相同。领导者用人就要善于扬长避短、用其所长。李世民认为，一个英明的君主用人，好比一个优秀的木工用木一样，大小曲直各种木料在一个好木匠手里都有用途，无一弃材。俗话说："治国之道，惟在用人"。"人有所长，也有所短；人有所优，也有所劣。"③ 因此，领导者必须树立用人所长的思想和观念。

上海刚一解放，陈毅被中央任命为第一任市长。当时，他就派了一个干部去找能制出青霉素的齐先生。这位干部见了齐先生，不谈为什么，就是大话压人，命令和要求齐先生必须快快出山造出急需的青霉素。由于派去的干部与齐先生没有很好地沟

---

① 罗荣桓：《回忆井冈山斗争时期》，江西人民出版社，1979 年版。

② 《隋唐五代政治概述》）

③ 丁大勇：《试论农村信用社主任的用人艺术》，2006 年 7 月 10 日。

通，虽然三番五次地劝说，但齐先生仍不愿意出山。

在一个雨夜，陈毅市长忙完一天的工作后，亲自登门拜访。见了齐先生后，他不谈急需的青霉素，而是先从化学、化工谈起。这一点令齐先生惊奇、感动，没想到上马能打仗、指挥千军万马的陈毅市长，下马还懂得化学，佩服之情便油然而生。

谈着谈着，陈毅老是看手表。原来陈毅一进门就注意到客厅墙上写着“闲谈不过三分钟”。他知道齐先生是一位守时、惜时的人，于是就急忙告辞，表示自己尊重齐先生的这一习惯。对此，齐先生感动得不知如何是好，对陈毅市长的人格也更加认同。陈毅市长便说：“齐先生，恕我直言，改日等你有空，我还想谈化学。我想谈一门你不太熟悉的化学。”

齐先生一想，你说我思想落后，我承认，说我觉悟低也是事实，但说我有一门化学还没有你精通，那到底是什么化学？顺口就问：是有机化学吗？陈毅市长摇头。齐先生又问：是无机的生物化学吧？陈毅又是摇头。那么，究竟是什么化学呢？这一番话，就紧紧地把齐先生给拴住了。于是，他拉着陈毅不放他走，并对陈毅说：“你现在就告诉我，什么是我不懂的化学，我洗耳恭听”。陈毅说：“齐先生你不懂的那门化学就是共产党的化学。”齐先生更好奇了，“什么是共产党的化学，你说到天亮我都愿意听”。

共产党的化学，齐先生一点都不懂，共产党的化学就是化人的思想，化人的态度，不知不觉就给你转化过来。就这样彼此越说越亲，越说越近。最后谈话将要结束时，齐先生说：“我这个两耳不闻窗外事的老朽，被你这个共产党员化学家完全说服了，我马上出山，再苦再累也要把青霉素造出来。你就放心好了。”

从这一典型事例可见，陈毅将充分发挥齐先生制造“青霉素”所长，以此服务于上海广大人民群众之急需。

第四，信任为先，凝聚人心。

对人才就要做到用人不疑，信任为先。只有这样，会给人才以巨大的精神力量，使人才能够充分地发挥积极性、主动性和创造性，自觉地为从事的事业获得成功去奋斗、去拼搏。在我国历史上，诸葛亮之所以能够为蜀国的事业鞠躬尽瘁、死而后已，就是因为他得到刘备的信任和重用。而败国之君都是对人才疑神疑鬼的，如宋徽宗既要岳飞率兵抗敌，又怀疑他谋反；蒋介石既要手下人为他卖命，又怀疑这个不忠，怀疑那个有异心，所以，好多将领都是被他逼得投降共产党的①。在国外历史上，爱因斯坦、费米、奥本海默等科学家之所以勤奋工作，在短期内为美国研制出原子弹，是因为他们得到美国总统罗斯福的信任和重用。美国人说："我们整个原子弹制造过程好比一场交响乐，除了指挥是美国人以外，作曲和演奏的都是外国人。"以上事例，无一不说明"信任"的重要作用，以及一旦失去"信任"所导致的惨局。

第五，过人素质，授权领导。

"德"是为人执政的底色和根本，它决定着权力的使用方向；"才"是做人谋事的本领和能力，它决定着用权的效率和质量。德与才，是相互联系、相互作用、相得益彰的。古人云："有德有才是正品，有德无才是次品，无德无才是废品，有才无德是危险品。"因此，领导干部必须视德才授权，对有才无德的人是不能授权的，因为他没有处事的根本，也不符合授权的基本要求。如果某人道德品质不好，那么他再有学问、再有能力，也会对授予的权力造成极大的损害。对于有德无才的人，也不能授权。因为这种人往往遇事先乱方寸，关键时刻体现不出丝毫的能力来，苦把权力授给他会误事的。荀子说得好："论德而定次②，量能而授官，皆使人载③其事而各得其④所宜。"⑤ 其意为：根据品德的高低而排定位次，衡量能力的大小而授予官职，使人人都能担

① 《领导干部应树立科学的用人观》，《天津党建》，2007 年 1 月 10 日。

② 次：等级，位次。

③ 载：担负，担任。

④ 宜：适当。

⑤ 《荀子·君道》。

负起适合他能力的工作。一个人的道德水平和能力并不一样，是因人而异的。作为领导，可能会遇到德与才各不相同的下属，这时候，权力授给谁最合适，领导就需要“见神打卦”了。

1982 年，英国和阿根廷发生了著名的马岛主权之战。当时，任英国首相的撒切尔夫人，力排众议，决定起用伍德沃德少将任特遣队司令。于是，此令一发，国内一片哗然。这是因为，伍德沃德当时已经年 49 岁了，而且连一次仗都没有打过。当时的海军里，年轻人与光是参加过二战和苏伊士战争的“老将”就可以组成一个连队了，选个特遣队司令根本不是问题。若按照一般人的眼光，这副重担是轮不到伍德沃德来担的。但撒切尔夫人却认为，衡量一个人的才能不能只看年龄与资历，而是要看他在岗位上的实际表现。

那么，伍德沃的背景如何呢？他德是海军学院毕业的高材生。在担任国防部海军作战计划处处长、驱逐舰舰长等职期间所表现出的过人素质，证明他是一位优秀的指挥官。鉴于此，撒切尔夫人果断拍板：“让这个人去！”在整个战争中，撒切尔夫人使用了“授权式领导”，她给舰队司令伍德沃德授予了“除了进攻阿根廷本土以外的一切权力”，明确指示完成该项任务的目标就是夺回马岛，至于伍德沃德对此采取什么样的战略部署，她毫不干预。她把一切都寄托在自己对伍德沃德的识人断人的自信心上。战端一开始，即引起世界关注，对于英方，是远涉重洋，孤军海外作战，形势严峻，压力巨大，但是英国远征军在伍德沃德的指挥下却以意想不到的速度顺利地达到了军事目的。

（四）要有容才之量

你若是个领导者，有三种人你应该容得下：一是有缺点的人，二是本领超过自己的人，三是反对过自己的人。

1. 要有宽大胸怀和容才之量

著名思想家孔子认为，治国者要“赦小过，举贤才”，做到大度豁然，推己及人，实事求是，重视礼乐教化，勤政爱民，以尧、舜、禹、周文王为榜样，达到“老者安之，朋友信之，少者怀之”的状态。如果有了这种气量，那以才能像磁铁一样，把人才紧紧地吸引到自己的周围。如果领导者无容才之量，专门瞄准人才的短处，那么就会造成自己身边虽有人才，但却矛盾重重，以至人才远而走之。这种领导干部既不能团结人才，也不能驾驭和使用人才，实际上不是一个真正的强者，而是一个十足的弱者。

说到“容才之量”，李世民重用魏征便是一则。魏征早年参加瓦岗农民起义，后又是太子李建成的谋士，曾劝说建成杀掉李世民。李世民登上帝位之后，在追查李建成余党时抓住了魏征，唐太宗问他，为什么为太子李建成出谋划策，与其作对？魏征答：“人各事其主，可惜建成不听我的劝告，否则，今日胜负成败也尚未可知。”[①] 唐太宗发现魏征不仅多才，而且刚直，于是不计前嫌，任魏征为谏议大夫。魏征果然恪尽职守，成为一代忠臣。后来有人告发魏征谋反，唐太宗下令将诬告者斩首。

领导者的过人之处就是抛开自己的喜好与志趣，以整体利益为重，不讲“人情”，不重“感情”，不报“恩情”，忍痛舍弃那些令自己“喜爱”的奴才、媚才，果断发掘那些令自己“讨厌”的高才、不好用的人才，并创造发展和约束条件，激活他们超出别人的长处，爆发出惊人的工作潜能，又改善它们的心理定势，让他们修正自我。

美国 IBM 公司的总裁小沃森用人的特点就是“用人才不用奴才”。

有一天，一位中年人闯进了小沃森的办公室，并且，大声嚷嚷道：“我还有什么盼头！销售总经理的差事丢了，现在干着因人设事的闲差，有什么意思？”来人，怒气十足。

① 《领导干部应树立科学的用人观》，《天津党建》，2007 年 1 月 10 日。

进来的这个人叫伯肯斯托克，是IBM公司“未来需求部”的负责人，他是刚刚去世不久的IBM公司第二把手柯克的好友。由于柯克与小沃森是对头，所以伯肯斯托克认为，柯克一死，小沃森一定会收拾他。于是决定破罐破摔，打算辞职的。

公司里的人都知道，沃森父子以“脾气暴躁”而闻名。眼下，面对故意找茬的伯肯斯托克，小沃森并没有发火，因为他了解他的心理。小沃森认为，伯肯斯托克是个难得的人才，甚至比刚去世的柯克还精明能干。虽然此人是已故对手的下属，性格又桀骜不驯，但是为了公司的前途，小沃森决定尽力挽留伯肯斯拖任克。

彼此落座后，小沃森对伯肯斯托克说：“如果你真行，那么，不仅在柯克手下，在我、我父亲手下都能成功。如果你认为我不公平，那你就走，否则，你应该留下，因为这里有许多的机遇。”

后来，事实证明留下伯肯斯托克是极为正确的，因为在促使IBM经营计算机生意方面，伯肯斯托克的贡献是最大的。当小沃森极力劝说老沃森及IBM其他高级负责人尽快投入计算机行业时，公司总部响应者很少，而伯肯斯托克却全力支持他。此后，正是由于他们俩的携手努力，才使IBM免于灭顶之灾，并走向更加辉煌的成功之路。

后来，小沃森在他的回忆录中，说了这样一句话：“在柯克死后挽留伯肯斯托克，是我有史以来所采取的最出色的行动之一。”①

2. 要有非凡的护才之胆、护才之艺

为了人才的成长、事业的发展，领导干部必须具有非同一般的护才之胆。主要保护如下三种人：一是有非议的人才；二是有缺点的人才；三是年轻的人才。

在这方面，美国总统罗斯福的做法值得领导干部借鉴、马歇

---

① 《IBM原则：用人才不用奴才》，《企业管理》2009年10月10日。

尔的做法也值得领导干部借鉴。

在美国的五星上将中，马歇尔是第二个晋升为五星上将的人。第二次世界大战前后，纳粹德国疯狂地进行战争准备。当时，罗斯福针对美国军队指挥员的晋升主要依据“资历”的弊端，通过了一项修正案：“在总统认为处于战争状态或国家遇到危难之时，可临时委任现役军人中任何军官担任高于军衔的的职务。”于是，在战争爆发后，罗斯福破格提拔当时仅为陆军准将的乔治·马歇尔为美军总参谋长。这项决定虽然遭到了美国政府和军队中不少人的反对，但罗斯福态度坚决。马歇尔担任总参谋长以后，又破格提拔数千名年轻军官。马歇尔和这些年轻军官在二战中显示出非凡的军事才能，战绩辉煌。

马歇尔和罗斯福的私交很好，罗斯福非常信任他。事实上，只要马歇尔提名的军官，罗斯福总统一般都会批准。对于军人，伯乐很重要。但伯乐认识千里马的方法各不相同。就马歇尔这个人来说，他有他自己的方法。马歇尔有个黑色的笔记本，走到哪儿他都随身携带着，不时把他认为有培养前途的军官，清楚地记在他的笔记本里。你只要上了他的笔记本，那你就有可能晋升更高一级的职务了。在他的笔记本上，对每人都有个评语。他对巴顿的评语是这样的：第一句话，此人能带领部队赴汤蹈火；第二句话，要用一根绳子紧紧地勒住他的脖子；第三句话，一有装甲部队就交给他。可以说，对巴顿的评价入木三分。[①]

所以说，罗斯福、马歇尔就是这种善于当伯乐的人。整个第二次世界大战中，几乎所有的高级将领都是经他们的手提拔起来的。

《摘缨会》讲了这样一件事儿：楚庄王在平定一场内乱后大宴群臣，庄王命自己宠妃许氏为群臣斟酒，许氏长得非常漂亮。这场宴会是在晚上进行的，当许氏斟酒的时候，突然刮起一阵大风，吹灭了大厅内所有的蜡烛，这时有位战将趁机摸了许氏一

---

① 马俊：《二战名将马歇尔》，《书摘》，2009 年 10 月 1 日。

把，而许氏非常机灵地抓下这位战将头盔上的头缨，并密告了庄王，要庄王处死头盔上没有头缨的人。但是，庄王却让所有战将取下头盔，摘下头缨，然后重新点燃了蜡烛，继续进行酒宴。事后，这位战将果然忠心耿耿，当庄王在伐郑陷入重围时，副将唐狡拼死救出庄王。庄王要厚赏于唐狡，唐狡说当时调戏许氏的就是我，蒙大王不杀之恩便舍命相报。楚庄王叹道：昔日若杀了唐狡，怎得他今日舍命相报呢。

（五）要有育才之职

在对干部培养教育方面，目前存在着一个普遍现象，就是“重使用轻培养”，即越是能干的人，越是舍不得让他离职学习，离职读学位，说是工作需要，岗位离不开。

在晚清将领和官吏中，曾国藩可说得上是一个很有学问的人了。他执政期间，曾建议皇帝举行“逐日进讲”，就是召见部下让其应对一些问题，用现在的话来说就是面试。在《应诏陈言疏》中，曾氏指出：“人才不乏，欲作用而激扬之，则赖皇上之妙用，有转移之道，有培养之方，有考察之法，三者不可废一”。所谓转移之道，就是要咸丰皇帝以身作则，以自身的行为取向，转移习俗，陶熔人才。他称道康熙盛世开设经筵，名士进讲，圣主垂范，世风转移的盛况，倡导内阁六部翰林院存储人才，谏勉咸丰“见无才者，则勖之以学，以痛惩模棱罢软之习；见有才者，则愈勖之以学，以化刚愎刻薄之偏。十年之后，人才必大有起色。一人典学于宫中，群英鼓舞于天下”，这正是“逐日进讲”的目的之所在。

党的十一届三中全会后、改革开放初期，一些党政机关领导对在职干部取得文凭一事，持有两种态度：一是开明的、比较开明的党政机关领导干部，主张让所有没有文凭的干部到党校、高校学习拿大专文凭，有大专文凭的拿本科，有本科的拿硕士学位，致使在机构改革的时候没有干部因为文凭而下岗；二是有的机关领导干部对所属干部学习不仅不支持，而且还百般阻挠，请假听课他不准，甚至考试他也不准。结果机构改革时，为数不少的干部离职学习拿文凭。所以你支持、鼓励、督促你的部下学习，实际上是在关心、爱护你的部下，实际上是在为单位、国家的发展培养人才做贡献。

三、在研究状态下激励

（一）激励机制上存在的认识误区

1. 我国古代思想家的激励思想

应该说，我国古代的思想家在激励方面的论述和实践是比较丰富的。

第一，情感激励。自古以来，感情因素对人的工作积极性和创造性就有很大的影响。“士为知己者死”就是最为典型的例证；还有刘备三顾茅庐，也是用那份真诚感动了诸葛亮，诸葛亮感激涕零，用了一生的精力和智慧来报答刘备。

第二，表率激励。孔子指出：管理者“其身正，不令而行；其身不正，虽令不从”。孔子的意思是，当管理者自身端正，做出表率时，不用下命令，被管理者也就会跟着行动起来；相反，如果管理者自身不端正，而要求被管理者端正，那么，纵然三令五申，被管理者也不会服从的。因为，管理者个人的举止行动其实就是下属模仿的对象。“大禹治水三过家门而不入”的故事以及“身先士卒”的成语都说明了表率作用的重要意义。

第三，奖惩激励。古人认为要以奖励为主，以惩罚为辅，以加强正面的激励。韩非指出：“明君之行赏也，暖乎如时雨，百姓利其泽；其行罚也，畏乎如雷霆，神圣不能解也。故明君无偷赏，无赦罚。偷赏，则功臣堕其业；赦罚，则奸臣易为非。”①

第四，荣誉激励。墨子提出：“诸守柞格者三出却适，守以令召赐食前，予大旗。署百户邑，著他人财物，建其旗署，令皆明白知之，日某之旗。”② 也就是说，对于有功士兵，必须给予物质的奖励，同时还以他的名字命名一面大旗，立于各营之中，使他在全军享有很高的名声和荣誉。

2. 激励不等于奖励

时至今日，仍有为数不少的领导者认为激励就是奖励，因此在单位制定年度工作计划、涉及“激励机制”时，往往只片面地强调正面的奖励措施，而轻视或不考虑约束和惩罚措施。当然，有的单位也制定了一些约束和惩罚措施，但在实施过程中，碍于面子等原因，而使激励流于形式，结果难以达到预期奖惩的目的。

从完整的、严格的意义上来说，激励应该包括“激发”和“约束”两个方面的含义。奖励和惩罚是两种最基本的激励措施，是对立的统一。

奖与惩共同构成对人的双向激励，两者不应偏废。

如果仅从字面上来看，激励应有“激发”、“鼓励”、“诱导”、“驱使”的意思。然而，在管理科学和领导科学中，激励不等于奖励。所以，领导者若把“激励”狭义地从字面理解为正面的鼓励，只强调利益引导的一个方面是不准确的。可以肯定地说，“激励”也包括许多负激励的措施，诸如“罚款”、“降职”、“淘汰”激励等措施。事实上，企业的员工都有各种各样的行为方式，但其中有部分行为并不是企业所希望的，更不是企业领导者所愿意看到的。因此，必须辅以约束措施和惩罚措施，将员工行为引导到特定的方向上来。对希望出现的行为，企业应毫不迟

---

① 《商君书·韩非子》。此句意为：只有做到恩威并施，赏罚分明，才能达到鼓励先进，鞭策后进的真正效果。

② 《墨子城守各篇简注》，《作文选》，2009 年 7 月 9 日。

疑地以“奖励进行强化”；对不希望出现的行为，企业也应毫不迟疑地采用“约束措施”、“惩罚措施”。

3. 不可忽视的“精神激励”

许多管理者认为：员工上班就是为了挣钱，因此金钱是对员工进行激励的最有效工具，只要奖金发足了就能调动起员工的积极性、主动性。但在实践中，不少企业在使用物质激励的过程中，耗费不少，而预期的目的并未达到，员工的积极性不高，反倒贻误了单位发展的契机。

美国管理学家皮特指出：重赏会带来副作用，因为高额的奖金会使大家彼此封锁消息，影响工作的正常开展。因此，企业必须把物质激励和精神激励结合起来，既提供较好的保健因素——与上级的关系、工作环境条件、薪金、与同级的关系、地位、工作安全性等，来防止牢骚，消除不满；又提供激励因素——工作富于成就感、工作成绩得到认可、工作富于挑战性、有职务、负有一定的责任、有发展前景、有提升机会等，来激励人才。①

其实，客观看待和正确理解员工的需求，尊重他们的正当需求是激励的基础，是激励的出发点。因为人的社会性决定了人需要得到他人和社会的承认和肯定，人人具有基于自我着眼点的自尊，渴望别人感到他重要。当人得到社会和人们的尊重时，就会产生一种向心力和合作感，就会与社会的人们保持和谐的行动。在马斯洛的需要层次中，尊重是人的重要需要，人活一辈子活的就是尊严，因而也具有强大的激励作用。

法国著名将军狄龙在他的回忆录中讲过这样一次恶战，即他带领第 80 步兵团进攻一个城堡，可却遭到了敌人的顽强抵抗，步兵团被对方火力压得无法前行。在情急之下，狄龙大声地对他的部下大声顺道：“谁能炸毁城堡谁就能得到 1000 法郎。”他以为士兵肯定会前仆后继呢，但是没有一位士兵冲向城堡。愤怒的

① 黄柱坚：《企业核心人才流失的防范对策》，《商场现代化》2007 年第 23 期。

狄龙大声责骂部下懦弱，侮辱法兰西国家的军威。这时，一位军官听后，大声对狄龙说："长官，要是你不提悬赏，全体将士都会发起冲锋的!"狄龙听罢，转发了另一条命令："全体将士，为了法兰西，前进!"随即整个步兵团从掩体里冲了出来，最后，全团1194名士兵只有90人生还。

由此可见，军人的尊严比生命还重要。用钱驱使他们作战，无疑是奇耻大辱。

尊严是一个人最敏锐也是最脆弱的感觉。侵犯尊严便等于是对人的侮辱和蔑视。因此，被领导者对尊重的心理需要更强烈。从上述案例可以看出，尊重下级是提高领导者威望、增强领导控制力、保证工作顺利开展的精神力量。但是，通常一提到尊重，往往想到的总是尊重上级，而忽略了对下级的尊重，这是很片面的。所以，领导者同样应该尊重下级的意见，尊重下级的人格，这样才能充分调动下级工作的积极性，使我们的工作出现生动活泼的局面。对此，美国著名企业家玛丽·凯有一段经验之谈，他说："你要是能使一个人感到他十分重要，他就会欣喜若狂，就能发挥冲天的干劲，小猫就会变成大老虎。"① 这一点很值得每一个领导者思考和践行。

至于精神激励的方法，目前一些企业单位进行了很好的探讨。对此，作者也先后浏览了《浅谈企业管理中员工精神激励方法》（周福新）、《浅析企业管理中员工的精神激励问题》（张雪）、《正确理解企业文化》（黎群）、《企业文化学教程》（王成荣）等论著，现将他们的探讨简介如下。

第一，情感激励法。这是因为，情感是影响人们行为的最直接因素之一，任何人都有渴望各种情感的需求。这就要求领导者要多关心群众的精神生活和心理健康，提高员工的情绪控制力和心理调节力，努力营造单位"相互信任、团结融洽"的良好氛围。

---

① 田耕：《企业要做到六赢》，《企业改革与管理》，2004年第4期。

第二，领导行为激励法。经过试验证明，一个人在报酬引诱及社会的压力下工作，其能力仅能发挥60%，其余的40%有赖于领导者去激发、有赖于企业文化的影响。

第三，榜样典型激励法。“榜样的力量是无穷的”。这一句话，不是空的，而是有实质内容的。因为，绝大多数员工都是力求上进而不甘落后的。如果有了可以效仿的榜样，员工们就会有努力的方向和赶超的目标了，即从榜样成功的事业中得到激励。

第四，奖励惩罚激励法。事实上，单位对员工某种良好行为的肯定、表扬或奖励，使员工获得了新的物质和心理上的满足。单位对员工某种不良行为的惩罚，是警示员工从失败和错误中汲取教训。如果奖励和惩罚得当，有利于激发员工的积极性和创造性。

4. 平均分配等于无激励

有的企业、事业单位在实施年度工作计划、贯彻激励制度后，为什么会出现“员工不但没有受到激励、反而努力水平下降”的现象呢？究其原因，主要是没有辅之以系统科学的评估标准，所以最终导致实施过程中的“平均主义”。例如：评优中的“轮庄法”、“抓阄法”等激励方法，这样也就打击了贡献突出或比较突出的员工的积极性。荣誉、奖金本来是激励因素，可在实施过程中出现了偏差，使员工产生不满意情绪，抑制和消减了员工的努力水平。应该说，一套科学有效的激励机制不是孤立产生的，应当与企业、事业单位的一系列相关体制相配套才能发挥作用。而评估体系是激励的基础，有了准确的评估才能有针对性地进行激励。所以在激励实施中，领导者一定要注意公平的原则，使每一个人都感到自己受到了公平的对待，必须坚决反对平均主义，否则激励就会产生负面的效应，影响个人的成长和单位事业的发展。

（二）有效的激励机制如何建立

企业、事业单位的领导如何对下属实施激励是一个永恒的课题，但在激励下属的过程中，领导者应该注意以下几个方面的问题。

1. 建立科学的激励机制，激发员工工作潜能

建立科学有效的激励机制，不仅能够满足员工的不同需求，而且能够充分调动员工的工作积极性和创造性，达到激发员工工作潜能的目的，从而最终实现企业的战略目标。

建立科学有效的激励机制的原则应当是：以公正、公平的分配制度和规范行为为核心，以较低的成本建立有效的制度，从而达到激励的根本目的。从员工表露出来的问题看，影响他们工作积极性的主要因素有：工作性质、领导行为、个人发展、人际关系、薪酬福利和工作环境等，这些因素对于不同文化的企业所产生的影响也不同。① 有研究表明，GE 的奖励制度能够使员工们工作得更有效率、也更出色。主要是，只奖励那些完成了高难度工作指标的员工。如果要使奖金真正地发挥激励的作用，那么奖金的金额至少要高于被奖励者基本工资的 10% 以上。因此，企业单位要在广泛征求员工意见的基础上出台、公布一套大多数人认可的制度，在激励中严格按制度执行。

2. 激励员工方式多样化，满足他们的成就感

应该说，员工满意度指标，是企业的一个非常重要的指标。对于一些工作表现比较突出的优秀员工，完全可以采用精神激励的方法，给予必要的荣誉奖励。对于那些渴望社会赞同的员工，管理者可以公开对他们的成绩表示认可，满足他们的成就感。同时，也可以设计一定的级别和头衔并创造出足够的层次，以便让员工一次又一次地提升。管理者还可以召开会议来表扬那些有成效的团队。“世界著名化妆品企业玫琳凯公司对员工的欣赏可谓做到了极致，每年该公司都要为当年的销售状元举行一次集会。

① 丁建平：《试论国有外贸企业的人才管理和激励》，《思想工作》，2009 年 5 月 7 日。

他们专门租借一个体育场召开表彰大会，让销售状元与请来的演艺明星同乘一辆车，徐徐进入会场，全场员工一起大声呼喊销售状元的名字。这种至高无上的荣誉感促使每位员工对该企业‘舍生忘死’，从而实现了员工与企业的共同发展。”①

在美国，一提到员工的满意度，人们就不能不提到超级食品王国——亨氏公司。这家公司在处理劳资关系方面，被认为是全美工业企业的楷模，被誉为“员工的乐园”。这家公司的创始人海因茨，是一个处处想着员工的企业家。在经营的过程中，他总能让员工们感到感动和兴奋，进而拼命地为公司工作。有一年，海因茨去佛罗里达旅行，但是没过几天，他却回到了公司。当员工们问他为什么这么快就结束了旅行时，他说：“你们都不在我身边。我一个人玩着也没啥意思。”随后，他指挥工人在工厂的操场上安放了一只大玻璃箱，员工们跑去一看，原来里面是一条重达 363 千克，身长 4.6 米，150 岁高龄的短吻鳄。员工们从来没有看到如此大的短吻鳄，所以大家都十分高兴。然后，海因茨指着短吻鳄对他的员工们说：“这家伙给我的旅行带来了快乐，我想请大家和我一起快乐。”

3. 鼓励和满足员工参与管理，形成对企业的归属感、认同感

应该承认，那些年纪轻、干劲足的企业员工，是愿意参与富有挑战性的工作的。为此，企业领导者在进行‘工作设计’时，就要把工作内容安排得更丰富一些，即为员工创造良好的工作环境。同时，还要通过员工与岗位的双向选择，促使员工对自己的工作有一定的选择权。尽量把员工放在他所适合的位置上，并在可能的条件下轮换一下工作，以便增加员工的新奇感和积极性。

人力资源管理的研究表明，员工都有参与管理的要求和愿望。如果企业给他们提供参与管理的机会，既能激励员工，又能形成员工对企业的归属感、认同感，可以进一步满足自尊和自我实现的需要。“韩国精密机械株式会社实行一种独特的‘一日厂

① 刘新红：《学会欣赏自己的员工》，《中国石化》，2006 年第 5 期。

长制'管理，即让员工轮流当厂长管理厂务，一日厂长和真正的厂长一样，拥有处理厂务的权力，若一日厂长对工厂管理、生产、工人工作等方面有意见时，记录在工作日记上，让相关部门员工收阅，部门主管依照批评意见纠正自己的工作。"① 这一制度实行后，大部分员工都当过"厂长"，工厂的向心力因此大为加强，实施当年即为工厂节约成本300多万美元。②

4. 找到激励员工的因素，采取不同的激励方法

在企业管理的实践中，管理者对不同的员工应当考虑个体之间的差异，然后作具体的分析，以便找到激励他们的因素，便于采取不同的激励方法。例如，年轻员工比较重视拥有自主权及创新的工作环境，中年员工比较重视工作与生活的平衡及事业发展的机会，年龄较大的员工则比较重视工作的稳定性。③ 所以，企业在制定激励机制时，一定要认真考虑到企业的特点和员工的个体差异，这样才能收到最大的激励效力。不同的员工有不同的需求，所以管理者一定要抓住员工的主导需求，这样才能进行有效的激励。

美国通用电气公司前CEO杰克·韦尔奇最成功的地方，就是他在GE公司建立起了非正式沟通的企业文化。在公司上下，包括韦尔奇的司机、秘书、工人们都叫他"杰克"。其实，韦尔奇最擅长的就是提起笔来写便条和亲自打电话。曾经有一个在韦尔奇手下低几级的经理人，就因为不愿女儿换学校而拒绝韦尔奇的调职和升官。当韦尔奇得知这件事儿后，就写了一张条子给他："比尔，你有很多原因被我看中，其中一点就是你与众不同。你今天的决定更证明了这点……祝你合家安康，并能继续保持生涯规划的优先次序。"当比尔收到韦尔奇的亲笔信时，会有什么

---

① 卢耀祖：《企业管理应以人为本》，《当代经济》2008年第4期。

② 《自由与尊重——有效激励》，《商界文库》2009年12月9日。

③ 游富相：《提高酒店激励有效性的思路》，《中外酒店》，2006年第11期。

感想呢？可见他对员工的关怀，已经从主管和下属的关系，升华为人与人之间的关系了。这实在是一次最好的沟通。不仅如此，韦尔奇还常常“微服出游”，和与总部外的员工见面。韦尔奇常引用的例子，就是要大家拿出开“杂货店”的心态来经营 GE，杂货店的特色即是顾客第一，要的货都有，店员没有架子，随到随见，这些就是韦尔奇奉行的非正式沟通的精髓之所在。

正因如此，许多华尔街专家和通用电气公司投资者，都把韦尔奇看作世界上最有价值的公司要素。韦尔奇认为，他一生中最大的成就莫过于培育人才。他十分感慨地说：“这是一家由众多杰出人物管理的公司。我最大的功劳莫过于物色成批的杰出人物。”他认为，他必须充分了解其属下，以便信任他们。尤为可贵的是，韦尔奇能叫出公司上层至少 1000 人的名字，并且知道他们负什么责任，知道他们在做什么。这对员工来说是莫大的鼓舞，因为员工们非常看重这一点。

很少有人能像杰克·韦尔奇一样如此充分地演绎领导艺术，能像他一样使员工如此受到激励。因为，他的亲笔信、打电话或共进午餐就是一种激励，而这一激励不是对全体的人而是对一个人的、个别的、专门的。

更为重要的是，“领导者要树立自我激励的观念，没有人会去跟随一个不自信的领导者，所以你要相信自己是一个优秀的领导者和管理者。为此，你要不断地去认定自己的力量，经常问自己：假如我是最棒的领导者和管理者，这一刻应该怎样思考，这一刻应该怎样去行动，该怎样去面对我周围的一些事情？[①] 当你面对一个环境不知所措的时候，认定你就是站在这个人群当中最会解决这个事情的最棒的领导者和管理者。

5. 提高企业核心竞争力，引入末位淘汰机制

在事关员工切身利益的时候，就会对事情的成败分外关注，

---

① 钟伟、高志艳：《有效管理者的成功公式》，《商场现代化》，2007 年第 2 期。

如果面临着生存的危机了，那么压力将会转变为动力了。确切些说，当员工在降低收入、失去工作等威胁的面前，能不发奋工作吗？所以，作为发展着的企业单位，实行员工末位淘汰制，就是运用科学的评价手段，对员工进行合理地排序，对排名在后的员工，按一定的比例或数量进行调岗、降职或辞退。”其目的，就是通过对末位的强行淘汰来增强员工的危机感，提高员工的工作质量和工作效率，以达到提高组织的整体竞争力。

许多企业对于绩效考核的分布有着硬性的要求，如伊莱克斯公司规定，绩效考核中得9分、10分的人不能超过10%；得2分的人不能低于5%，这部分人要进行改进；得1分的人小于5%，但不能是0，这部分人肯定要淘汰。末位淘汰要和考核制度紧密结合起来，这样能激发员工的竞争意识，使这种外部的推动力量转化成一种自我努力工作的动力，充分发挥人的潜能。①

从建立激励机制方面看，GE公司对员工有着一套相当完善的考评制度。公司CEO韦尔奇随身都会携带一本笔记本，上面画满了图表，每个部门都有相关的图表，反映每个员工的情况。这是一个动态的评估，每个人都知道自己所处的位置。第一类占10%②，他们是顶尖人才；次一些的是第二类，占15%；第三类是中等水平的员工，占50%，他们的变动弹性最大；接下来是占15%的第四类，需要对他们敲响警钟，督促他们上进；第五类是最差的，占10%，公司会辞退他们。③

末位淘汰制，在企业适当的条件和环境下有其一定的积极作用。

第一，有利于提高员工的工作效率和企业效益。企业实施末位淘汰制，促使员工对工作产生出紧迫感，并在企业中形成一种

---

① 《国有企业员工激励机制研究》，《秘书乐园》，2006年6月6日。

② ［美］斯蒂芬·罗宾斯著，孙建敏等译：《组织行为学》，中国人民大学出版社1997年版，第13页。

③ 《杰克韦尔奇如何激励员工》，中华会计网校，2009年8月28日。

彼此竞争的氛围，这样既提高了员工自身的工作绩效、也提高了企业的效益。

第二，有利于企业发展过程中的全员管理。企业实施末位淘汰制，也促使企业认真、科学、合理地进行岗位设置，用最少的人力资源发挥最大的经济效用，避免企业人浮于事（减少企业冗员），降低企业成本。

事实表明，世界上成功的企业都是靠人奋斗出来的。成功的企业经营者在实践中认识到：只有将企业的员工紧紧团结在一起，激发出他们的工作热情和内在潜力，使他们把自己的智慧、能力和需求与企业的发展目标结合起来去努力、去创造、去革新，这才是企业唯一的发展道路。

6. 用“行动”昭示部下，使激励更有“实感”

日本东芝总裁士光敏夫指出：“部下学习的是上级的行动。对企业领导来说，当你希望下属做什么时，请拿出你自己的示范行为来。”[①] 作为单位的领导，不可能不“说”，但却更忌讳不“做”。其实，做的过程对领导者来说是一个了解真实状况的过程，对被领导者来说是一个被感召的过程，在这一过程中的“说”更具目的性、指导性。但是，有的领导干部嘴上说的一个样，做的则是另一套。如某国有服务型企业，其总经理大会小会讲“服务”、讲“顾客”，但他本人一年难得有一次到市场一线去，上任两年多，居然从来没有到自己的顾客投诉部门了解过情况，因此该公司的客户急剧减少。另一个企业，群众普遍反映很多经理到施工现场西装笔挺、一尘不染却指手画脚、发号施令。著名教育家卡耐基曾说过这么一句话：“我年纪越大，就越不重视别人说些什么，我只看他们做了什么。”[②] 鉴于此，希望领导

① 《激励：要振兴事业先振兴精神》，《清华继教》，2006 年 12 月 19 日。

② 周国华：《企业领导如何激励下属》，《国际金融报》，2000 年 9 月 1 日第 6 版。

者们还是把“说”和“做”统一起来。只有如此，才能真正体现出“激励”的这际效果。

四、在研究状态下凝聚

（一）凝聚力量的关键点——对下属“利益”的尊重

在领导工作中，为什么有的领导者追随者众多，有些却只能靠权力控制下属？

这一疑问，其实是领导功夫问题。即优秀的领导力到底是怎样炼成的？领导者如何应用优秀的领导力去凝聚人心，去提升企业的竞争力？

毋庸置疑，每一位领导者都希望自己能从优秀发展到卓越，但怎样能成为卓越的领导者呢？在领导实践中，有些领导者是能够激励他的团队，与他一起为实现所追求的目标奋进，并能够把企业和团队两者完美地结合在一起。那么，如何去发展这样的领导力？

对此，首先要发展“术”的方面，即发展技巧和技能、领导的知识。其次，就是“道”的方面，即如何尊重周围的环境，尊重生命。

要成为卓越的领导者，其中很重要的一条，就是要接纳下属犯错误，以接纳的心态，让跟随者和执行者都可以放手去做更多的事情。与此同时，领导者还要懂得寻找平衡点。“如何能够在你做出不利员工的决定之后，无论是让他们离开还是继续留在企业，都要让他们感觉到自己是被尊重的。这一点非常重要！对人性的尊重，让他们感觉自己在企业里是有价值的，他们去或留都会理解，这个企业也会发展；反之，如果我们保留一部分人，而伤害了大多数人的利益，这个企业是无法发展的。”①

其实，在我们的领导实践中你就会发现，有的领导干部无论经营哪个企业，他都会有大批的追随者；与此相反，一些领导干部却只能靠着权力控制着下属。这两种领导者的差异就在于，卓越的领导干部总是超越个人的利益，以他人为中心，所以人们乐于追随他。这是因为，这样的领导干部知道要善于鼓舞下属奔向美好的前程。而那种只能靠个人权力控制下属的领导干部，却没有把他人的利益放在眼里，所以这样的领导当然会被周围的人冷落甚或从心里弃之。”有的领导者拥有大批的“追随者”，而有的领导者“靠权力控制下属”，这其中的明显区别，就在于“靠权力控制下属”的领导者心中发出的声音，更多的是为了自己的利益，所以他没有团队、没有追随者；而当一个领导者把团队、把他人的利益放在了心中，他自然就有大批的追随者了。所以，领导者要尊重和接纳身边的每一个生命，应该把生命作为最高的追求，而非生意。

实践表明，每一个公司都将面临这样或那样的挑战、困境，所以领导者要很现实地面对面临的危机，并且也要很乐观的看到将来有可能复苏的状况。所以，首先领导者对面临的危机和挑战，要争取快速和果断地决策，越是关键的时候就越不能犹豫。再就是，跟周围的人进行心灵的沟通，与团队直接沟通，探讨摆脱危境的办法。事实上，“领导者的品格不是在面对危机的时候才产生的，而是在日常生活的小事中形成的，这些品格能使领导者在危机时刻做出正确的反应。所以，领导者在日常就要保有良好的习惯，就能注重修炼自己，保持好的心态。他们既会在自己内心里相信自己，也会在公众面前表现出这种自信心。”②

① 黎平：《用领导力凝聚人心》，《经理人》，2009年第8期。

② 王鸿春：《成功企业领导者的20个良好习惯》，《中国中小企业》，2009年第11期。

（二）不可忽视的感情投资，它能激发下属的工作潜能

从某些领导者切身的体验来看，明智者都是善于对下属进行感情投资的。因为，想让下属听从你的指挥，拼命为你工作，就不能只靠强制性的命令，还必须通过感情投资来激发他们的工作潜能。不懂这一点的领导者，就不会成为智慧型、研究型的领导；其实，这样的人即使因某种机遇当上了领导，也当不了群众满意的、业绩突出的领导者。

身为下属，有必要对领导进行感情投资，以便为自己创造有利的环境，提供更多的个人发展机遇，从而使自己的前途和命运发生改观。这对很多人而言，都是可以理解的，也是愿意去做的。可是，如果说“领导也需要对下属进行感情投资”，就会有不少人感到费解了。领导不必对下属进行感情投资，也不愿意这样去做，这是不少领导干部所持的观点。然而，我们可以肯定地说，这种观点是非常错误的，持有这种观点的领导干部，绝不会成为成功的、卓越的领导干部。

那么，双方进行感情投资的难点在哪儿呢？一般来说，领导干部对下属进行感情投资比下属对领导干部进行感情投资更容易做到。显见一方高，一方低，而感情投资就如水一样，容易由高处向低处流淌。但是，“这并不是说领导对下属进行感情投资是可以轻而易举便做到的事儿，尤其是若想使这种感情投资真正有效，更需要做一番努力才能实现。其主要原因，一是因为很多领导对于向下属进行感情投资的必要性认识不足；二是因为领导对下属进行感情投资也是一项富有创造性、艺术性的活动，需要具备一定的技巧和方法才能做好。”①

天津长芦汉沽盐场是国家海盐生产大型骨干企业，是国家商务部首批认定的“中华老字号企业”之一。长期以来，汉沽盐场党政领导一班人不仅把思想政治工作制度化，更重要的是体现在

① 《领导要做团队的表率》，《企业新闻》，2007年3月9日。

了以人为本、以情感人、以心换心、凝聚人心的灵活性上。

从领导干部自身做起，以表率作用感化人。“十五”期间，由于企业经营遇到了前所未有的困难，职工工资未能按原来规定时间及时足额发放，职工曾一度产生不安、忧虑的心理状态。对此，从总场到分场两级领导班子，想到的不仅是生产、营销等一些实际问题，而是把相当精力用在了理顺职工思想情绪上。为此，领导班子成员从自身做起，与职工一样同甘共苦，在个人利益面前从不伸手。生产班组长发放补贴，车间工区以上领导不拿一分钱，不与职工群众争利益。

公司原盐重点生产工序是机械化塑苫池，生产的连续性经常与职工的双休日产生矛盾，尤其是遇到刮风下雨，党政领导们同职工一样在滩地里摸爬滚打，保盐护盐，双休日不休息。筑运原盐装火车是24小时负责制，什么时候来车，就什么时候装车，没有准点儿，全凭车站临时派。然而不管是白天还是黑夜，只要来车皮，基层的领导们总是第一个赶到现场，摆车抄号与职工干在一起。每年的春秋是盐场两个生产旺季，只要有职工作业的地方，都留下了公司两级领导干部的足迹和身影。

天热了，领导干部带队适时为一线送去冰棍儿、汽水、绿豆汤、西瓜、蚊帐、风油精、凉席等防暑降温的物品；天冷了他们又组织力量投入资金为职工及时送去挡风御寒的温暖，与职工见面时真心实意地道一声辛苦，谈心时说几句贴心话，这些看似微不足道的小事，职工们却觉得心里热乎乎的。

凡是卓越的领导，都是善于对下属进行感情投资的领导。只有通过感情投资，才能使下属感到自己受到了领导的重视与关爱，因而愿意尽己所能，充分发挥自己的潜在力量。

当然，这里需要说明的是，不要把领导与下属“相互”感情投资理解偏了，一句话“非属不正之风也”，而是《领导学》中的情感沟通或情感交流。更不应将其理解为，下属为达到某一目的而“递票子”、“送礼物”等形式贿赂领导的行为。下属因工作不顺、待遇等因而情绪不佳，领导主动帮助其排忧解难，均属

"感情投资"范畴。类似的感情投资形式，不胜枚举。

（三）对下属的严格要求与宽容之间并不矛盾

一般来说，一个领导者的工作能力或管理经验都要比下属更胜一筹的，因为领导者居高临下很容易发现下属的不足之处，而且也容易向他们提出高标准要求。在工作中，领导干部对下属严格是必要的，但严格要求和宽容之间并不矛盾。所谓严格要求，就是指可以为下属制定高标准的工作要求；所谓宽容，就是在下属犯错误或由于某种原因而未能达到工作要求时，应该对他们采取的态度。而当你宽容了你的下属时，不但不会使他因此而散漫，反而会激发他们的工作热情。"

如果领导者，总是挑剔下属的缺点，就必然削弱他们的工作热情，甚至会使他们产生反感，这样就会影响他们在工作中的积极性和创造性的发挥，从而对企业、对单位发展产生不利的影响。所以，每一位领导者都应该努力做到"严于律己，宽以待人"。

在各种各样的领导者中，有一种上下级都会觉得不好相处的人，这就是那些靠着苦干而当上领导干部的人。他们大多数是从基层靠着实干而被提升上来的，缺乏领导工作经验，又往往特别自信、顽固、独断。他们常会对下属这样训话：

"我没有什么学历，但我在工作上不会输给任何人。"

"你们谁在干什么，想干什么，我都知道，我说你怎样你就是怎样，我不会看错人的。"

这种领导干部最大的缺点，就是自己要掌管一切，事必躬亲。如果工作不能朝他们想像的方向发展的话，他们就会安心不下。"因此，他们只会把工作硬塞给下属，而不给他们应有的权限。这样的领导者虽有实干能力，但缺乏宽容，很难原谅下属的错误。不少下属跟着这种领导干，总觉得有点提心吊胆，不敢放开手干，因为怕犯了错误，而得不到一点起码的谅解。”① 这样一来，员工们就根本无法发挥自己的能力。

因此可以说，宽容也是一项重要的用人之道。作为一个领导者必须要能想得开，看得远，从发展的角度考虑，从大局考虑，得饶人处且饶人，给下属更多一些人文关怀，更好地激发下属为单位、为国家多做贡献的工作热情。

（四）领导的赞扬，容易满足员工的成就感

荣誉可满足人的自尊需要，从而激发人们的斗志和工作积极性。

事实表明，物质激励具有明显的局限性，如在机关或政府里，奖金都不是随意发放的。职工的很多优点和长处也不适合用物质奖励。在这样的工作环境下，职工在岗位上做出了成绩，领导对其赞扬一番，就能很容易满足一个人的荣誉感和成就感。”

在物质生活不断提高的今天，很多单位员工的工资收入是相对稳定的，人们不必在这方面费很多心思。但员工们却很在乎自己在领导心目中的形象，所以领导的表扬往往具有权威性，是下属确立自己在本单位的价值和位置的依据。

下属很认真地完成了一项任务或做出了一些成绩，虽然他表面上似乎毫不在意，心里却默默地期待着领导来一番称心如意的嘉奖，领导一旦没有关注或不给予公正的表示，下属必然会产生一种挫折感，对领导也产生看法，“反正领导也看不见，干好干坏一个样”。② 这样的领导干部怎能调动起大家的积极性呢？

有些下属长期受领导的忽视，领导不批评他也不表扬他，时间长了，下属心里肯定会嘀咕：“领导怎么从不表扬我，是对我有偏见还是妒忌我的成就？”尔后，同领导相处不冷不热，保持

---

① 德隆：《管理故事：托尔斯泰的宽容》，《中国人力资源开发》，2005 年 7 月 12 日。

② 尚谋子：《做人做事做老板》，中国盲文出版社，2003 年 9 月版。

远距离了，没有什么友谊和感情可言，最终形成隔阂。

事实上，领导的赞扬不仅表明了领导对下属的肯定和赏识，还表明领导很关注职工的事情，对他的一言一行都很关心。如果情况实在不允许，用行动表示也十分可取，随意地拍拍员工的肩膀，或者给一句由衷的赞赏，可以让员工一整天精神饱满。有人受到赞美后常常高兴地对朋友讲："瞧我们的头儿既关心我又赏识我，我做的那件事儿，连自己都觉得没什么了不起，却被他大大夸奖了一番，跟着他干气顺，愿意为他出力。"① 据说有一位高新技术公司的经理，他在每月发薪水时，都会亲自将薪水袋双手递到员工手中，并且会对员工道谢。起初，有的员工甚至用"受宠若惊"来形容当时的心情，激动得难以形容。其实，员工的需求总是那么朴实而简单。

（五）"一诺千金"，把"诚信"作为立身之本

诚信，即诚实和守信之意。"诚"意味着保持真实无欺的道德规范应对各种事务，"信"则意味着言行一致。诚信一直是中华民族颂扬与恪守的传统美德。可以说，诚信作为一种道德的规范，在没有利益冲突之时，是人们的自然选择。然而，在市场经济竞争的历史条件下，由于市场主体的多元化，也就造成了利益的多元化，事实上，市场主体间的相互行为必然会受到各自利益的驱动与影响，即会有一部分市场主体为了自己一时的利益损害他人的利益。因此。诚信存在于经济活动的全过程，要发展市场经济，就不能没有诚信的观念，诚信可称得上市场经济健康发展的灵魂。

"诚信"是相辅相成的。这就是，企业对员工做出承诺，员工也要对企业做出承诺，履行聘任合同。不仅如此，许许多多的事业单位（大专院校、科研院所等），也在以合同的形式履行岗

---

① 和仁、管家民：《人才三策：选才、育才、留才》，西北大学出版社，2006年5月版，第168页

位职责。所以，企事业单位均应努力建设诚信的文化。因为，它所体现的，不仅是人与物的关系，还有人与人之间的关系。这就意味着，它不仅仅是生产组织、经济组织，从某种意义上看还是社会组织、文化组织。由于人总是带着情感去工作的，其行为带有很大的可变性，所以，职工的职业操守、职业规范、对企事业单位的忠诚度如何，对于企事业的生存和发展是非常关键的。

我国古代春秋时期有这样一个故事：鲁国伐宋，宋国命华元为主帅，率兵迎战。双方交战之前，华元杀羊宴饷手下，以振奋士气。当时却未顾及他的驾车手羊斟，羊斟因此心怀不满。待两军交战时，羊斟对华元讲："那天吃羊，是你做主；今天驾车，由我做主。"说完就把帅车驾入鲁国军中，使鲁军不费吹灰之力便俘虏了宋军主帅，宋军招致惨败。这个故事听来颇让人感慨，羊斟只是位驾车手，工作就是驾好车，按理说并不是很复杂，但仅仅因为没吃上一碗羊肉，就怀恨在心，在关键时刻出卖主帅，断送了宋军。

这个故事告诉我们，讲求诚信，不应只是企业在对外交往中所必须注意的，在企事业内部、在处理企事业和职工的关系时，同样要重视诚信文化的建设。

诚信，是创业者的立身之本、创业之源；同时，它也是企业无形资产的核心，企业市场经营的"通行证"。因此，一个组织的领导者与同事、下属之间，绝对不能运用诡诈之术，而应该是"一诺千金"，把"诚信"作为立身之本。

做生意第一要诀就是要诚实，只有真诚待人，才能做成大生意。弄虚作假，只能是一锤子买卖，终究是要弄巧成拙、惨遭失败的。在当今，作为一个领导者，更应以诚信为本，那种开空头支票、轻诺许愿的做法，最终只能失去他人的信任，使自己成了孤家寡人。

打出"诚信"的品牌古已有之，例如：楚汉相争的时候，楚人季布，行侠仗义，所以在楚国很有名气。有个名叫曹邱的人，常借重权力获取钱财，季布很是看不起他。有一次，曹邱拜访季布，季布不愿理他。曹邱便说："楚人常言'得黄金百两，不如季布一诺'。你在梁、楚一带名声如此之大，这都是我替你到处宣扬的结果啊！而你为何却要拒绝我呢?"季布听了，非常高兴，便把他当做上宾来招待了。临走时，季布还送了一份厚礼。后来曹邱继续替季布宣扬，季布的名声也就越来越大了。"一诺千金"就是由此而来的。作为一种赢得被统御者信任的艺术，它在统御谋略中占有重要的位置。

古今中外的杰出领导者，无不强调信誉第一，忠诚为上。把"信"作为立身之本。只要答应过的事情，就要"言必信，行必果"，赢得信任，对施展各种谋略具有奠基的作用。但须知，领导者的信誉靠的是长期言而有信的好名声，而毁坏它只是轻而易举的事。

（六）让下属分享你的成果，是对他们最大的激励

我国古代思想家孙子指出"上下同欲者胜"，将帅和士兵要确定同样的目标，心往一处想，劲往一处使，这样才能取得胜利。

企事业管理的实践表明，积极的情感可以增强人的活力，消极的情感可以削弱人的活力。情感激励既不是以物质利益为诱导，也不是以精神理想为刺激，而是指领导者与被领导者之间的以感情联系为手段的激励方式。所谓情感激励，主要是培养激励对象的积极情感，只要领导者真正关心体贴、尊重、爱护激励的对象，通过感情交流充分体现出"人情味"，那么，他就会把你对他的真挚情感化作自愿接受你领导的自觉行动。

作为一名成功的领导者，应成就员工晋级之美，应设法让你的员工分享你现有的成果，别忘了，分享是对员工的最大激励。因为，谁都喜欢晋级，谁都喜欢加薪。领导者这样，员工也是如此。当领导者晋级加薪之时，别忘了那些为公司勤奋贡献的下属，应设法让他们也有所晋升，或得到些许奖励，保荐他们到更好的职位上来，这才是对员工最大的激励。

当你个人受到奖励和表彰的时候，同时也把你的成果与许多的员工分享。可以想像，那么员工会是何等的忠诚，这样的公司也必然是上下一心，齐心合力，谋求更大进步的公司。这样的企业必然是动力十足，充满活力的企业，经济效益也就会不断上升。

五、在研究状态下协调

（一）领导协调的含义和意义

人类社会的实践活动向人们揭示：协调是一个具有客观普遍性的规律。正如鲁道夫·阿恩海姆所说，走向“协调”是宇宙中一切活动所具有的趋势。当然，领导活动也不例外，领导活动是一项极其复杂的工作，涉及各种因素和条件，也必然存在各种各样的摩擦，甚或矛盾和冲突的现象。所以领导者只有遵循协调的规律，运用科学合理的方法与艺术，才能克服这些矛盾和不协调的问题，这样组织目标才能实现。

1. 领导协调的含义

对于协调，哲学家们都从不同的视角，不同的领域，或者揭示其历史的渊源，或者揭示与其他事物的关系，或揭示其深刻的内涵。

康德说：“物质必然为一种支配它的原始原因置于这样协调的关系之中。”

赫拉克利特说：“结合物既是整个的，又不是整个的，既是协调的，又不是协调的，既是和谐的，又不是和谐的，从一切产生‘一’，从‘一’产生一切。”①

---

① 北师大哲学系外国哲学教研室：《古希腊罗马哲学》，商务印书馆，1982年版。

约里奥·居里说："非对称创造了世界。"[1]

恩格斯说："所有创造关系的每一次变革，都是同旧的所有制关系不再相适应的新生产力发展的必然结果。"[2]

C·霍金森说："管理者的任务在于协调。"

综上所言，可以看出协调是指事物发展过程中，其自身内部以及该事物与它事物之间的和谐、适度关系。

领导协调，就是领导主体为了实现领导的目标，而对领导活动中出现的矛盾和问题所做的调整过程。具体地说，就是指领导主体采取的各种措施和方法，使其所领导的组织同外部环境以及组织内部上下级之间、部门之间、人与人之间、人与组织之间等各种力量之间的平衡，达到和谐一致，相互配合，高效率地实现领导目标的行为。

2. 领导协调的意义

第一，领导协调是领导活动中一个必不可少的环节。

对此，我们可以做个比喻：整个领导活动是一台运转的机器，那么协调就是润滑剂，有了它机器就能顺利地运转，一旦失去它，机器就会被磨损，甚至停滞不能运转。所以，领导协调是领导活动一个必不可少的环节，是领导的一项基本职能。对此，许多管理学家、科学理论家已把协调当作领导者和管理者的一项重要职能提出来了。美国的哈罗德·孔茨与西里尔·奥唐奈合著的《管理学》一书，则进一步认为"协调是管理的本质"。他们写到："许多权威人士把协调当作主管人员的一个独立职能。然而，把它当作管理的本质看来更为确切，因为使个人的努力与所要取得集体目标协调一致是管理的目的。"[3]

---

① 陈蓝、周岩：《历史的回顾与展望》，《大自然探索》，1999 年第 4 期。

② 《共产主义原理》，《马克思恩格斯全集》第 4 卷，第 357 页。

③ ［美］哈罗德·孔茨、西里尔·奥唐奈：《管理学》，贵州人员出版社，1982 年版。

第二，领导协调有利于提高组织的整体效能。

事实上，对于任何一个组织来说，由于其内部的各个分支、各个部门工作性质不同，由于彼此之间信息阻塞，受客观因素的影响，这就可能出现步调不一致的情况；由于工作态度不同，个人价值观以及事业观的差异，力量发挥的程度也就有很大的不同，这就会在部门之间、个人与个人之间产生矛盾，甚至还存在着较大的差距。正鉴于此，领导者就必须协调这些客观存在的矛盾和冲突，以便融合各方面的利益关系，加强横向联系，疏通渠道，增进组织和谐，达到行为上的一致。只有这样，才能提高组织的效率、增进组织的效益。

这是一个小型化工厂，领导班子共 5 人：书记、厂长、副书记、副厂长工会主席各一人。书记近 50 岁，工人出身，初中文化，对新事物不大敏感、接受较慢；厂长比书记小 3 岁，大学毕业，学化工的，可谓专业对口；副书记更小些，40 岁，大专文化，为人老实，有工作经验，善于处理各方面的关系。是本厂的第三把手。

书记原本就是厂长，原来有些感性的东西都用不上了，在心理上总是有点失落感。担任书记以后，有些过去没有看清的问题，现在倒有机会看清楚了，既然看清了就想说出来，很难保持沉默。而厂长呢？有干劲，又懂专业，现在有了主持工作的权力，正好可以好好施展一下了。本来书记和厂长的这种心理都是在情理之中的，但又正因为两者的如此心态产生了矛盾，再加上性格上的差异，矛盾也就越来越大。在这种情况下，当然只有靠那位副书记发挥应有的协调作用了。

那么他是怎么协调书记和厂长关系的呢？

一是，在工作中不偏不倚，尽可能体现一、二把手的意图和作用。讲话时照顾好双方，写材料兼顾好党政，不过于突出其中任何一方，以促进他们双方的合作。

二是，在会上遇到双方分歧和对立的意见时就暂时休会，通过会下个别交谈，以说服双方或一方要服从大局，因而避免了在会上顶牛情况的发生。

三是，不管两方谁家有事，他总是力争成为第一个帮助解决的人。诸如主动为书记提供地方戏磁带出版信息，主动为厂长购买家用电器当参谋。

这位副书记的协调作用，还委实很见效。就在他的协调下，随着时间的推移延长，双方都比较习惯了，基本没有因双方的矛盾而影响工作的开展。

事实说明，只有人们心理上、权力上、利益上的各种关系协调了，才能团结一致、相互支持、齐心协力地实现共同目标，才能免除工作中的扯皮和重复，才能减少人力、物力、财力、时间的浪费，才能提高组织的效率、增进组织的效益。

第三，协调是领导者和管理者的一项基本职能。

由于领导者所受的教育和成长的经历不同，所以呈现出领导者协调能力上的差异，即同一个矛盾不同领导去处理，有的领导竭尽全力，但却无法化解，而有的领导却能在谈笑间化干戈为玉帛。反映在人际关系上，有的领导能协调各方，左右逢源；而有的领导者却左右碰壁、上下受气。刘邦曾说："运筹帷幄之中，决胜千里之外，吾不如张子房；镇国家，抚百姓，给饷馈，不绝粮道，吾不如萧何；连百万之众，战必胜，攻必取，吾不如韩信。三人皆人杰，吾能用之，此吾所以取天下也。"① 刘邦的这一段话，说明他们的胜负主要取决于其用人的能力、协调的能力。总之，协调在领导和管理工作中占有极其重要的地位，是领导者和管理者的一项基本职能，任何领导者都应学会协调方法和艺术，掌握协调的本领。

第四，领导协调有利于解决转型期人民内部的矛盾。

转型时期是我国改革的关键时期，是利益格局的调整时期，也是矛盾的易发期和多发期。当前，我国人民内部矛盾呈现出新

---

① 赵玉平：《传统文化中的管理智慧》，《威海晚报》，2008 年 9 月 24 日。

的特点，即利益性矛盾突出；群体性矛盾增多；矛盾的层次性加深；矛盾的复杂性增大；矛盾的对抗性增强。这些特点，对提高领导干部的沟通协调能力提出了紧迫要求，同时也是对领导干部协调能力的考验。常言道：民情如水，宜散不宜聚，宜疏不宜堵，宜解不宜结，宜顺不宜逆。为了有效地化解这些复杂的多变的矛盾，不仅要不断提高领导干部的沟通本领，通过人文关怀和心理疏导，化解民怨，而且还要不断提高领导干部的协调能力，即通过行政的、法律的、民主协商的方法去调节、调整不同利益群体最关心最直接最现实的利益需求。

（二）如何灵活运用好沟通协调的技巧艺术

1. 直接表达，因人因事

在问题面前，必须直截了当地表达自己的态度。困难的沟通包括“自我防御、不成熟的情绪，不佳的表现、害怕失去优秀的员工、担心因个人的错误会让客户不高兴。而诚实的沟通会获得尊敬、责任、改变及成果”，“直接的语言不一定就代表粗俗、无礼或刺耳，清楚的信息也可以是有礼且充满敬意的。直接的沟通，包含了清楚的用词及点出事实，可以掌控而不是逃避现实。”①

与领导、下属沟通协调要采取灵活性的策略，即必须因人而异、因时而异、因环境而异、因任务需要而异，只有问题抓得准，方法用得对，时机掌握得好，沟通协调才能产生事半功倍的效果。同时，要根据领导干部、下属不同的情绪状态和个性而采取适当的沟通方法。处理问题要持和风细雨之态度，让别人容易接受，以促使矛盾的解决。

2. 坦诚相待，真心交流

所谓沟通交流就是把某种信息、观念传达给他人，同时使其

① ［美］戴安娜·布赫、刘皎：《卓越有效的沟通》，电子工业出版社，2009年11月版，第84页。

能够理解。在工作中，下属要赢得领导或领导赢得下属的肯定和支持，很重要的一点就是要让人感受到你的坦诚谦虚。对于工作中的事情，不要对领导持保密或隐埋的态度，而是要持开放、坦率的态度与领导交往，这样领导才觉得你可以信赖，他才能以一种真心交流的态度与你相处；作为领导，应该真诚谦虚，用一种朋友间沟通的平等心态去和下属沟通。总之，彼此应该真心相待，相互信任。即“当他人对重大是非问题认识模糊时，要主动帮助澄清；当他人遇到挫折、情绪低落时，要主动靠近打气鼓劲；当他人犯了错误时，要主动帮助总结教训、分析原因。”①

3. 主动沟通，加强互动

沟通是人与人之间相互认识的一个双向交流的过程。人与人的交往是一个互相认识，逐渐建立信任，增进理解的过程。你说了，别人可能不会完全知道，但你不说，别人永远不会知道。所以，在沟通的过程中，要坦然承认别人指出你的不足，这样，他们只会更尊重你而不是轻视你；“当朋友悲伤失意时，一定要靠近一些，而朋友高兴得意时，不妨稍微离开一点；与人同行，不要走得太快，不要离得太近，给别人一些进退的空间。”② 建立直接上报的渠道，开辟表达需求的空间，满足合理需求，应该让下属看到你的办事效率，增强下属的信任，在做出分析后，尽快满足下属的合理需求。

松下幸之助是一个自主的、坦诚的、直率的人，他也希望自己的下属同样坦诚、直率，从而在公司里形成一种自由豁达的风气。也正是在松下幸之助的倡导下，松下公司形成了自主自由的好传统好风气。

松下公司的传统包括多方面，首先就是不唯命是从。当然，

---

① 曲庆波：《增进党委班子团结的心理学思考》，《解放军报》，2004年11月11日。

② 马良晓：《赤脚医生父亲的小处方》，《广州日报》，2008年3月31日。

这是相对的，因为松下公司对自己下属必须遵守公司经营理念的要求，近乎于苛刻。对此，松下公司的选择是丝毫也不让步的。在此基础上，每一个下属都可以自由发挥自己的判断力、做出相应的反应，而不是采取消极的、但求无过的态度。松下幸之助说："员工不应该因为上级命令了，或希望大家如何做，就盲目附和，唯命是从。"

在公司里松下幸之助允许员工当面发表不同的意见。第二次世界大战前期，有一位候补员工向松下再次发表不满。那时的松下电器员工分一、二、三等和候补四级。当时，这位候补员工迟迟未获得升迁，就直截了当地对松下说："我已经在公司服务了很久，自认为对公司有了足够的贡献，早已具备了做三等员工的资格。可直到现在，我也没有接到升级令。是不是我的努力还不够啊？如果真是如此，我倒愿意多接受一些指导。恐怕是公司忘了我的升级了吧？"松下听了这位候补员工的诉说后，责成人事部门进行查处，原来还真是忘记办升级手续了。接着，除了立即发布升级令外，松下幸之助明确表示，非常赞赏这种坦白的请求。

有一次，一个员工被批发商狠狠地骂了一顿，说松下公司生产的电器质量不过关："不如去开烤白薯后，别再制造电器了。"随后，员工如实地向松下幸之助报告了。随后，松下幸之助就亲自拜访了这位批发商，表示歉意。批发商因为一时的怒气而发了一遍牢骚，不曾想引得社长亲自拜访，非常不好意思。自此以后，松下公司与这家批发商的关系密切多了。

4. 平衡关系，团结为上

在开展工作过程中，领导者与上级沟通的意义，就在于能得到正常的、及时的支持；与下级沟通的意义，就在于有利于调动下级的工作积极性、主动性、创造性，有利于增强凝聚力，实现组织签订的工作目标。在沟通协调的方法上，对待上级应服从而不盲从，尊重而不奉迎；对待下级应该以人为本、做好服务，大事要讲原则，小事要讲风格。

在与正职和副职沟通协调时，应该授权、放权、不越权，支持、依靠、不撒手，关心、揽过，不透过。你若为副职，上有领导下有员工，更需要正确地对待领导、下属和自己。对待领导应“敬以向上”，但不是阿谀奉承、溜须拍马；对待下属应“宽以对下”，但不是听之任之、放任自流；对待自己应“严于律己”，但不是只讲奉献不要回报。当部门、个人利益与总体利益发生冲突时，领导干部需要优先考虑总体的利益；当同级部门有困难时，领导干部需要主动地给予支持，因为“助人实际上就是助己”；当个人利益与下属利益有冲突时，领导干部需要优先考虑下属的利益。[①]

（三）统筹协调中“班长”的表率作用

领导班子是一个群体，改进领导方法是“一班人”的事情，但是作为一把手，在“一班人”中间处于核心地位，起着关键性的作用。因为一个强的一把手，能带好一个班子，兴一项事业，富一方百姓；一个不称职的一把手，则可能带散班子，搞乱单位，贻误事业

要真正当好“班长”，做好一把手的工作，必须从现实情况出发，理解和处理好以下几个方面的关系问题。

1. “班长”应具备润滑剂、黏合剂、催化剂功能

团结的、强有力的领导班子，离不开一把手个人才能的充分施展，也离不开一班人集体智慧的充分发挥。一般来说，“班长”较其他成员有较高的素质、才能，应当充分加以施展，以对班子成员起到启迪、引导、示范作用，但决不能自恃高明，而忽视发挥集体的积极性和创造性。只有把大家的聪明才智集中起来，才能产生显著的工作效果。

① 许文达：《在新形势下怎样做一个合格的中层管理者》，《长钢纵横》，2009 年第 1 期。

在现实的生活中，凡是协调能力强、富有战斗力的领导班子，都有一个坚强而又有凝聚力、个人有作为又能充分发挥群体优势作用的领导核心；与此相反凡是软弱涣散的领导班子，要么是“班长”包揽一切，个人专断专行，要么是“班长”的核心作用发挥得不好，班子成员各自为政，独自为战。如果一班人离心离德、一盘散沙，不是“战斗的堡垒”，而是“在堡垒里战斗”，就必然会出现内耗的现象。“优秀的‘一把手’要具备‘三剂’功能：高效运转的‘润滑剂’，班子团结的‘黏合剂’，班子潜能发挥的‘催化剂’”。①

实践证明，作为一把手只有真正摆正了自己的位置，处理好施展个人才干和发挥集体智慧的关系，才能增强“班长”的凝聚力，增强一班人的向心力和整体合力。“班长”对班子成员工作中出现的成绩要积极肯定，及时以适当的方式予以表彰，满足班子成员积极向上的心理要求，激发班子成员的友好情感，开发班子成员潜在的能量，集聚班子成员更多的智慧和力量。

2. “班长”应该善于处理“纲”和“目”的关系

“班长”身为“一把手”，应该花更多的时间、下更大的力气去抓大事、大局。这是因为，谋全局、抓大事，既是“班长”的主要职责和职能，也是“班长”工作的突出重点。我们所说的“大事”，就是对全局起决定性作用的事情，是领导工作中的主要矛盾。从总体上看，凡是事关政治导向的、事关经济社会发展大局的、事关老百姓切身利益的，都可以称之为“大事”。然而，现在有些担任“班长”的领导干部，认识不到自己的主要职责，胸无全局，事必躬亲；不善于抓主要矛盾，不善于处理纲和目的关系。

同时，要注意处理好集中精力抓大事和兼顾一般工作的关系，既不能不分主次先后、轻重缓急，平均用力，没有重点，又

① 《加强领导班子能力建设的三个环节》，《文秘114》，2009年4月5日。

不能把大事孤立起来，以大事代替、排斥一般工作。也就是说，他必须善于从宏观战略的高度观察、思考、解决问题，实现对全局的驾驭和指导，走出一条符合本地区、本单位实际的发展路子。

3.“班长”的核心地位与敢为人先的关系

首先，“班长”在领导班子中处于核心地位，是领路人、是掌舵人。也就是说，要为“一班人”、一个地区和单位把好关、导好向、掌好舵。对此，可以落实到“把好政治关”，即“在大是大非面前‘站稳脚’，在政治风浪面前不摇摆，才能保证‘一班人’在纷繁复杂的形势下，自觉维护党中央的权威，确保政治上的坚定与清醒。”①

其次，改革开放、发展社会主义市场经济如同大浪淘沙，极少数经不起考验的领导班子垮掉了，而往往是“一把手”有问题。在“集体研究”的招牌下，犯案事件屡有发生。这就要求一班之长，必须经得住各种考验，然后才能把班子带好。

有这样两位厂长，我们可以把他们分为甲、乙。两位厂长都是在刚刚实行厂长负责制的时候走马上任的。当时，国有企业刚刚开始向市场经济转轨。开始时，两位厂长带领干部、工人努力工作，即他们都分别引进了生产线，开发了新产品，所以都受到职工们的拥护。后来国有企业的日子越来越不好过，这两家国企都进入了低谷。接着，甲、乙两位厂长在处理分房、调资两个问题上，由于采取了不同的做法，结果使两家国企出现了两种截然不同的前景。

因为两个厂子的住房条件都较差，就都盖了新房。在分配新房时，厂长甲表示：“新房不多，还有不少职工急需解决住房问题，在其他职工住房解决之前，我不搬进新房。”而厂长乙没有这种表示，按正常规定标准住进了新房；在调资时，两位厂长原

---

① 《“船与桥”：领导方法18篇》，新华网，2006年3月25日。

来的工资都比较低。厂长甲表示：指标有限，自己不涨，把指标让给别人；他爱人是劳模，工资偏低，但在厂长甲做了工作之后，按原工资未动。而业务部门考虑到他夫妻两个工资都太低，都不涨实在有点说不过去，还是给厂长甲涨了一级。而厂长乙没有这种表示，在业务部门拿出提资指标给他涨了一级，他爱人也因工资偏低，涨了两级。这两件事形成了鲜明对比，在职工评议干部时。甲厂工人说："就凭厂长不和工人争房、争工资这一点，我们就投他一票。"乙厂工人则说："厂长不在时我们还多干一点，厂长在我们还不干了。"由于两个厂的职工情绪不同，责任心和劳动热情也大不一样。随后，甲厂慢慢地度过了危机期，出现了产品逐渐占领市场的曙光；乙厂则更加不断往下滑，看不见任何起死回生的希望。因此，在上级考察干部后，决定表彰厂长甲；根据乙厂的现状，免除厂长乙的职务，另立新厂长。

（四）协调工作中可能存在的误区及对策

1. 误区

第一，对上对下、同级关系中协调不明确或错位。

在协调同级关系的时候，违背平行关系的横向协调应该遵循"平等协商"的重要原则，而仍"以领导者自居"，在作为协调主体与上级机关、上级领导进行协调的时候，不能明确自己在协调中的主导地位，唯上是从；在对下协调中，常处于组织领导、调度指挥之中，过分强调指令性，不能以协商的姿态进行协调，下级也就不能心悦诚服地配合行事。"在权力协调中，在克服无人负责、推诿扯皮的弊端时，或者在原则问题上，往往又过度陷入'协商'之中，缺乏协调力度，体现不出制约功能，显得软弱无力，达不到协调目的。"①

① 俞志平：《协调能力：领导者素质的重要体现》，《社会主义论坛》，2005年第2期。

第二，存在着偏狭的本位主义，影响整体目标的实现。

在协调中，有的领导干部往往不顾整体利益，而是以“我”为中心，站在本单位、本部门的立场上去协调和处理问题。他们认为，本单位、本部门是最重要的，一切都应该从“此”出发，而没有考虑其他单位、部门的利益和情况。长此以往，这样的领导干部也就形成了一种偏狭的本位主义。可以说，这种错误倾向所导致的直接后果，就是使各单位各部门自立山头，最终，难以协调，造成行动不统一，由此破坏了团结，影响了整体目标的实现。

2. 对策

第一，以大局为重，坚持平等原则。

一是，要解决好认识和思想上的问题，坚持平等的原则，以大局为重，互利互让，多换位思考问题，多考虑对方的实际情况和具体困难，做到相互沟通，相互理解，相互支持。二是，领导干部本身要不断提高自己的知识水平和能力，要对自己系统以外的单位、部门的业务和情况有所了解。这样，才能从根本上做到着眼于大局，以适应新时期领导工作的需要。尤其在对下级的协调过程中，一定要注意“尊重”问题。领导者只有平时尊重、爱护自己的下级，维护其自尊心，激发其上进心，与他们平等相待，下级才能倾其所有助你成功。①

第二，求同存异，善于灵活地协调。

“求同存异”思想中蕴含着中华民族“和合思想”的历史传承。《道德经》认为“万物负阴而抱阳，冲气以为和”，将矛盾对立双方互相冲突交和作为达到和谐状态的必要条件；《论语·子路》则提出“君子和而不同，小人同而不和”的著名论断，将人与人之间的和谐共处建立在个性差别的基础之上。“和而不

① 《国家公务员面试题讲解：下行关系协调》，《远播教育》，2010 年 1 月 24 日。

同”的实质是追求内在的和谐统一：和谐而又不千篇一律，不同而又不相互冲突；和谐以共生共长，不同以相辅相成。①

同时，在协调的过程中，领导干部既要坚持原则，果断坚定，又要晓之以理，明之以义。在协调的过程中，做到刚与柔的高度统一，把握住时机，适时应变。即通过合作、妥协、冷却、暗示等方式平缓、委婉地解决矛盾。“如战国时期蔺相如达成与廉颇之间的‘将相和’，就是很有名的实例。在协调中讲究刚柔相济，就是该刚则刚，宜柔则柔，该刚柔并举时则双管齐下。”②具体运用要适度适量，适可而止，恰到好处。

（五）领导者协调人际关系应该把握的四个环节

美国学者孔茨认为，协调是管理的本质，主管人员的中心任务就是消除在方法上、时间上、力量上或利益上存在的分歧，使共同目标与个人目标协调起来。研究型的领导者，在疏通协调与上级、同级和下级之间的人际关系时，主要在以下四个环节上下功夫、做文章。

1. 尊重，必须基于“三者之间”的差异

我们先来了解一个运用人格力量妥善处理与上级关系的实例。

小徐是雪松饮料公司的业务经理，因与合作方共事过程中“受制于人”，使得业务发展很不顺利。于是在年终总结会上，小徐谈到了业务发展中遇到的许多实际困难。讲话的过程中，小徐一度情绪还激动了起来。岂料，老总年初下达的年度业务量高得出奇，小徐心想去年都不怎么样，今年怎么可能达标呢？对此，小徐可真的郁闷极了，揣摩着是不是自己态度不好而得罪了老总；同时，又尽力的适应老总的工作风格，寻找可能实现目标

① 方小教：《从“求同存异”看周恩来的辩证思维方法》，《党的文献》，2008年第1期。

② 《协调人际关系的艺术》，《南方日报》，1999年9月1日。

的方案。然而，他提出的解决问题的方案，总是在与老总交流的过程中被否定。

经过观察，小徐发现老总由于业务压力过大，心情一直很差，直接导致了连锁反应。于是，他就对老总采取了柔性的策略，即利用一些轻松的场合（会餐、联谊、旅游等活动）同他聊天，表示对他的理解和尊重。在小徐坚持不懈的努力下，老总与小徐的谈话日渐轻松起来，同时也指出了小徐以往工作中的不足，并同小徐一起商量出了解决问题的办法。最后由于公司上下同心，某些在以往工作中制约业绩发展的因素得以解决，最终公司下达给小徐的年度业务量超额完成。

所以，无论是和上级、同级还是下级接触，都必须尊重对方。因为这是取得对方帮助和支持的前提条件。当然尊重上级、同级和下属，三者之间从内容到形式都是有所差异的。尊重上级随之而来的，就是“服从”；尊重同级集中表现在“合作”；尊重下属更多地需要“肯定”和“支持”。尊重有能力、有水平的上级、同级或下属，也许是不难做到的，但如果遇到的是低能的上级、同级和下属，你能照样尊重他们吗？同样道理，尊重正确的上级、同级或下属，也许是不难做到的，但如果遇到的是错误的上级、同级和下属，能照样尊重他们吗？

一个智慧的领导者，其交往“功夫”恰恰表现在这一点上！“在协调中要注意诚恳地与对方沟通：即特别要尊重和自己曾有隔阂和意见相左的人；特别是要理解对方的失误和正当要求；要在不背离原则及条件许可的前提下，尽量以他人最乐意的方式给予他人最需要的东西；要在他人力所能及且愿意的前提下，尽量取得他人的信任与支持。”

2. 合作，必须建立在充分了解的基础上

了解，通常用来形容人对某一事物的掌握领悟程度。通过了解，明白、理解了。如：宋朝洪迈《容斋续笔·资治通鉴》：“经文至简，不过一二十字，一览可以了解。”巴金说：“他牺牲已经七十天了，可是现在我默诵他的遗书，用我的心去了解他的心，我好像受到一阵阳光的照耀似的。”①

应该说，友好相处，真正的尊重，必须是建立在彼此的了解和信任的基础上的。具体到人际关系上，就是应该尽可能周详地了解上级、同级和下属的长处和短处，并在工作接触中，尽可能使对方展示其所长，尽力帮助和支持对方。与此同时，在确信对方没有“恶意”的情况下，领导者也不妨将自己的长处和短处，无保留地告诉对方，以求得对方更好地支持和配合自己的工作。

据说古代有位宋元君，听说了一位石匠的故事。那位石匠帮人家干活的时候，发现他的一个朋友鼻子上沾了一滴白泥灰，薄如蝉翼。这点小事，如果洗一把脸就可以抹掉了，可石匠的朋友嫌费事，就让石匠来帮忙。只见石匠的大斧子抡下来，白泥灰被削得干干净净，鼻子却连根汗毛都没有损伤！

宋元君听得津津有味，决定见识一下这位石匠的技艺，于是就派人将石匠请来。这位宋元君给自己的鼻子上也抹了一块白泥灰，并要石匠帮他把白泥灰砍下来。

石匠大惊失色，说：“这怎么能行？”“斧子抡起来，有万钧之力，差之毫厘，就会出人命，请问国君真的相信我不会失手吗？即使我不会失手，难道你真的自信你面对大斧子能一动不动吗？”这些话宋元君却一点没有料到，傻愣愣地呆坐在座位上说不出话来。

“唉，”石匠心里叹道：“我的朋友啊，只有你相信我不能失手啊，又能在我利斧前面不改色心不跳。可惜你死得太早了，在这世上，我只有寂寥。”

在我们的生活和工作中，我们经常讲要信任别人，但很多时候我们就像古代这位宋元君一样，自己并没有做好信任别人的准备。

---

① 巴金：《生活在英雄们的中间》，《人民日报》，1952 年 4 月 9 日。

3. 给予，必须适于“三者之间”的实际

辩证唯物主义告诉我们，人生活是生活在矛盾之中的，社会是在矛盾运动中前进的，而矛盾是有主次之分的。由此，领导者就要学会分清矛盾的主次。只有抓住了主要矛盾，解决了主要矛盾，才能推动事物的发展。其实，“这种解决主要矛盾的方法也有称之为协调的方法，或平衡的方法。领导在解决矛盾的过程中就形成了人们之间的相互关系，其中主要的有三方关系，即与上级、下级和同级之间的关系。处理好这些关系，会使工作由繁难变为愉快，才能使相互之间关系和谐，配合默契，纵横贯通，做好领导工作。”①

给，就要无期望回馈的给，一定要给的坦然真诚；予，就要发自内心，舍得了。给予：使别人得到。对于上级来说，他最希望下属圆满地完成自己交办的一切任务，尽力为本单位增光添彩，当然也为自己增光添彩；对于同级来说，他最希望互相之间建立起一种携手并进的融洽关系，在亲密无间的友好气氛中进行良性的竞争；对于下属来说，他们最希望获得的，是上级的信任、支持和鼓励。但其结论，应该说无论是上级、同级，还是下级，都应该按照对方最满意的方式给予，按照多数群众最能接受的方式给予。在完成上级交办任务时，应当牢记“完成任务”必须以“维护国家和民族的根本利益”为前提；在和同级“携手并进”时，应当建立一种健康、纯洁的同志关系；在对下属表示“信任”时，务必做到支持要适度，奖惩要合理，关心要适时。

4. 索取，必须在对方“愿意”的基础上实施

索取，其词义：要求得到；讨取。元朝关汉卿《单刀会》第一折：“老相公不知，我有三条妙计，索取荆州。”清朝纪昀《阅微草堂笔记·滦阳续录四》：“父财可索取，而不可穿窬。”

① 方剑秋：《上级、同级、下级工作关系处理的原则把握》，《江南论坛》，2004 年第 4 期。

魏巍《东方》第三部第十一章："是全心全意为人民服务呢，或者是为了向人民索取优厚的报酬？"

在从事创造性领导活动的时候，每个领导者当然都希望获得上级的有力支持。然而，在请示上级给予支持之前，应该了解上级能够提供什么样的支持，切不可强人所难；在希望获得同级配合失误时候，也最好先了解这种配合，对同级是否"有利"，是否超出了同级"力所能及"的最大限度；在要求下级圆满完成某项任务之前，最好预测此项任务可能遇到哪些困难、能否顺利完成？总之，唯有摸清对方"愿意"给予什么，才能恰到好处地进行"索取"。索取的方式多种多样，但总的原则是"适时"、"适度"，尽量避免使对方感到"为难"。

六、在研究状态下决策

所谓决策，就是人们对未来的实践方向、目标作出判断并不断进行反馈与调整的动态过程，是人们社会实践活动的重要组成部分，普遍存在于人类社会生活的各个方面。

人类改造社会改造自然的实践，就是不断作出决策和实施决策的过程。正确决策是指在科学的理论和方法指导下，按照科学的决策程序，运用科学的决策技术，寻求最优行动目标，决定最佳行动方案的行为。从一定意义上说，党的执政能力和执政水平主要体现在决策上。而要，提高党的执政能力，最重要的就是提高领导干部的能力；而要提高领导干部的能力，关键是要提高他们的科学决策能力。事实上决策能力的强弱、高低，将直接决定着科学发展观的贯彻落实程度。

（一）坚持科学决策的基本程序

决策过程必须遵循科学的程序和方法，这是科学决策自身运动规律的体现。决策的过程大体可以分为确定目标、制定方案、决策实施三个基本步骤，而每一个步骤又包含着一些具体的环节。领导者应该遵循决策的客观规律，认真地抓好各个环节的主要工作。

第一步，确定好目标。即领导者要对决策对象的发展方向做出相应的规划。一是要发现问题，通过对问题的诊断和分析，确定问题的性质、范围和特点，并找到差距和原因。二是要针对存在的问题及其差距，确定解决问题所要达到的目标。在这一环节的关键，则是要特别注意考虑目标的风险性和可控条件。① 同时，必须对信息的收集和整理做到及时、准确、完整，这样对问题的诊断和目标的确定才可能是科学的。

第二步，制定好方案。即领导者必须从多方面寻找实现目标的有效途径。为此，一是设想出轮廓，以保证备选方案的多样性。应该从粗线条的设想开始，然后进入到多种具体方案的设想；在此过程中，必须扫除社会性障碍、因循守旧的思想认识性障碍。二是领导者要精心设计实施的方案，应该注意对各种方案的现有条件与多种预测结果的综合评价，以使所制定的方案充分体现出它的科学性来。

第三步，实施好方案。领导干部必须努力做到：一是要编制实施计划，对各种条件及相互职能作出合理地调配和组织；要充分发挥执行者的积极性、主动性和创造性；要对责任范围作出明确规定，辅之以相应的、必要的奖惩办法；要注意发现执行过程中的各种问题，以保证信息反馈回路的畅通无阻和监督职能的有效履行。

（二）营造科学决策的体制环境

事实表明：一个国家、一个民族的科学决策水平的高低，往往是与这个国家和民族的社会文明程度相一致的。当前，我国的

---

① 果戈理：《试论领导干部科学决策应注意的几个问题》，《中共四川省委党校学报》，2004 年第 4 期。

政治、经济和社会发展步入了一个崭新的历史阶段，对此，把领导水平和执政能力提高到一个科学的高度，尽快实现科学决策比以往任何时候都显得更加迫切。为此，我们必须积极营造科学决策的体制环境。

第一，实事求是、求真务实，是对科学决策的必然要求。因此，必须倡导讲真话、说实话、求实效的作风，在全社会形成追求真理的社会环境，使各级领导的决策是积极的、是经过努力可以达成的决策目标。在奋斗目标业已确定的情况下，领导干部的任务就是带领大家去实施既定的目标、以至最后实现这一奋斗目标。

2006、2007 年度国家社科基金重大项目招标工作，已经实施了两届，这两次重大项目实行招标立项都取得了比较好的效果，积累了一些好的经验，主要有以下几个方面：

一是坚持了正确的指导思想。评审工作坚持以马列主义、毛泽东思想、邓小平理论和“三个代表”重要思想为指导，贯彻落实科学发展观；“鼓励投标、严格评审、确保质量”的总体要求。

二是坚持了正确的评审原则。即坚持“公开透明、公平竞争、优中选优”的原则，做到了：严格把握评审标准，坚持“质量第一”；严格执行评审程序，按照规定的各项程序进行；严格评审纪律，评审专家严格自律，自觉抵制不正之风；严格实行回避制度，包括首席专家全程回避、单位回避和课题组主要成员回避。

三是评审专家具有较高的权威性，认真负责。2006 年参加评审工作的专家中，三分之二来自中国社科院、中央党校、北京大学、中国人民大学等重点科研单位或高校；三分之一来自中央政策研究室、国务院研究室、国家发改委等中央有关部门，先后有 30 多位专家型领导同志担任了初评和复评的专家，这对于把握好中标课题的导向性、针对性和对策性发挥了重要作用。

四是评审工作有充分的准备和周密的组织，做到了客观公正。2006年评审工作结束后，全国社科规划办公室专门就重大项目招投工作向140多位知名专家学者征求意见。许多专家表示，2006年重大招标项目的初评和复评答辩工作，组织工作“规范、严谨、有序”。有的老专家说：“我们多次参加各类评审工作，还从未见过组织得这么好。”

第二，建立明确而具体的责任追究制度，是避免决策失误的重要保证。为此，必须建立严格的责任追究制度。对关系“长远发展的重大战略、重大决策、重大项目和重大事项，今后将组织专家学者进行全面论证，做出评估，因违反法定程序导致决策失误的，追究相关责任人的责任。”① 即是哪一级组织或者领导决策失误，就追究哪一级组织或者领导的政治责任、纪律责任和法律责任，以“保证论证的程序标准和规范化，使决策者想‘拍脑袋’也拍不成，并用实实在在的利害关系让决策者明白，谁‘拍脑袋’决策谁就要为之‘埋单’”②，特别是要在国家赔偿制度不断完善的情况下，建立领导干部决策失误的赔偿制度，以便促使领导干部增强科学决策的责任感和自觉性。

3. 建立科学的信息披露制度，是避免领导决策失误的重要前提。因为，“正确的判断是科学决策的基础，而正确的判断来源于对信息的综合整理、归纳和分析。高质量的咨询服务取决于大量、及时、准确和适用的信息”。“信息占有的局限性，必然会影响决策的科学性。”③ 因此，有关部门、研究单位要定期或不定期地向社会披露各种信息，特别向领导干部提供有价值的深层次、内幕性、预警性的信息（包括各种数据），为他们系统、准确、及时的判断和科学决策提供基础的支撑；他们依据所提供的信息进行甄别分析，得出正确的判断，做出科学的决策。

---

① 《用制度防止“拍脑袋决策”》，《中国纪检监察报》，2005年6月24日。

② 《用制度防止“拍脑袋决策”》，《中国纪检监察报》，2005年6月24日。

③ 苏岐：《建立科学的决策机制》，《信息导刊》，2004年第9期。

（三）提高领导干部科学决策能力的方法和途径

科学决策即科学地决策，其决策过程是依据现代社会科学、自然科学和技术科学原理，对决策进行系统分析和缜密计算的过程。领导干部要提高科学决策的能力，应该从以下几个方面努力。

1. 努力提高综合素质，保证决策的实际效果

可以说，领导者的素质直接影响甚至决定决策活动的效果和成败。因此，领导者必须按照复合型人才和岗位职务所需要的条件，全面提高自身综合素质。在重大问题的决策问题上，坚定地站在人民群众的根本利益上，必须从纵的、横的方面，进行科学的判断和决定，从矛盾的特殊性与矛盾的普遍性分析中，得出正确的结论。因此，必须提高科学文化水平。

1993 年的雨季，在深圳访问的尼泊尔国王，被洪水围困在饭店内 20 多个小时。原来，深圳市海拔高度极低，在该市的商业中心罗湖区，有的地方海拔高度不到 1 米。当年的市政规划时，有一种方案是将罗湖区垫高 1 至 2 米。但是，这既要花一大笔钱，时间又会拖长。某些急于出政绩的政府部门放弃了这一方案，而使一个明知防洪能力严重不足的城市规划方案实施了。于是，深圳市也就为此付出了难以估计的代价。仅 1993 年和 1994 年两年，深圳市由于洪水造成的经济损失就高达 15 亿元人民币。两年的经济损失足够将罗湖区垫高好几米了。①

2. 要树立全局意识，保证决策的科学性

“不谋全局者不足以谋一域，不谋万世者不足以谋一时”。随着经济全球化和新技术革命的飞速发展，新情况、新问题、新知识不断涌现出来，国内大局与国际大局的联系越来越紧密。这就

① 方道：《领导者必备 22 种能力》，中国致公出版社，2007 年 4 月版，第 58 页。

要求决策者只有树立全局意识，才能以宽广的眼界胸怀全局，做到审时度势、与时俱进；以宏观的战略思维来分析全局，做到顺势而动、因势利导；以“牵一发而动全身”的辩证思维谋划全局，善于全面分析和正确判断经济社会发展面临的形势，确定经济社会发展的基本思路和工作重点，善于对经济社会重大事务进行综合协调，把握本地本单位的工作大局，从而保证能够体现全局意识的决策的科学性。

3. 深入实际调查研究，寻找解决问题的办法

实践表明：科学的决策，是来源于对事物周密深入调查研究的，是来源于对客观事物规律的准确把握的，是来源于对相关信息和实际情况充分了解的。领导干部应该认识到，调查研究既要强调应用性，又要注重操作性。古人云：“文可载道，以用为贵。”① 至于政府系统的调查研究工作，它既不是学术理论研究，也有别于具体的工作部署，是一种理论与实践结合的对策性应用研究；它既离不开正确的理论指导和深刻的理论思维，更需要在实践中挖掘和检验，强调“研以致用”。调研提出的对策建议，必须做到符合实际、思路正确、措施可行。须知，正确的决策是“从群众中来”，决策的执行必须“到群众中去”，就是把决策变成群众的意见，并见之于行动，通过实践检验这些决策是否正确。“从群众走来，到群众中去”是一个无限循环、永无止境的过程。领导干部深入第一线抓决策落实的过程，也是为后续决策奠定基础的过程。②

对此，有这样一则案例：南昌经济技术开发区检察院自2008年6月以来，积极推行领导干部带头办案的制度，并且取得了明显成效。在该院总结发表的经验中，包括“‘一案一评’、提升

① 高宏真、张乃才、赵会科：《调查研究必须造环境抓重点求实效》，《领导干部》，2002年5月1日。

② 杨正伟：《正确决策是科学发展的前提》，《贵州日报》，2009年3月26日。

队伍整体素质”的科学做法。

“一案一评”，即由领导干部，就一些典型案例在全院干警大会上进行讲解，主要讲解案件的法律适用、公诉技巧、侦查谋略、调查方法、文书制作等，以点带面，做到一案办完、全院学习、全院受益，将先进的执法理念和办案经验在全院进行推广。

正是在“一案一评”的引导和影响下，该院业务部门也结合自身的特点，建立了周期性的讲评制度，如公诉部门建立“一周一议”制度，每周拿出一个案例集体讨论，以讨论案件等形式，提高审查证据、认定事实、适用法律的能力。自侦部门的“每月一讲”制度则把重点放在侦查指挥、办案策略、讯问技巧和法律适用等方面的交流，让干警互点互评，共同提高了办案的实际能力。

自从领导带头办案制度实施以来，该院涌现出了多位业务能手，如反渎干警雷云淼被评为“全市检察机关首批检察业务尖子”，公诉干警缪中兴被评为“全市检察机关十佳公诉人”等。

4. 尊重知识尊重人才，善于、勤于“借脑”

尊重知识、尊重人才，建立不同类型的决策智囊团，善于、勤于“借脑”。这些因素，是领导干部科学决策的重要保证。而要“引才”、“借脑”，就必须畅通不拘一格的绿色通道，以满足企业当前人才需求和未来需求的储备，全方位地吸收适合企业发展要求的优秀人才。同时，是努力打造以竞争择优为主导的能上能下、能进能出、充满活力的用人机制，推行“不求所有，但求所用，来去自由、柔性流动”的人才资源共享机制，把“单位人”彻底的变为“社会人”。

5. 总结积累实践经验，科学制定和实施决策

应该承认，人们的认识是经常受到各种条件限制的，同时也会受客观过程发展的影响，所以原定的决策就可能在某些方面出现不符合实际的情况，部分错了或全部错了的事儿。“从认识论上讲，这些情况的出现是正常的。领导干部就应根据变化了的实

际，审时度势，及时对原先的决策进行修正和调整，以减少工作中损失。”[①] 因此，领导干部要提高科学决策能力，那么，必须注意积累和总结实践经验，既要注重总结自己的直接经验，又要注重学习和吸收间接的经验，通过逐步的积累和总结，使自己的经验不断地得以丰富起来，以你在复杂的问题面前从容地、科学地制定和实施决策。

在连年大丰收之后，安徽省无为县全县农民喊出“要吃米，找万里！”来的一片心声。可以说，就是当年万里任安徽省委第一书记时，一再务实革新、为民谋福的结果。农民们的这一口号，不仅说明了他们确实因为万里而吃上了“大米”，还说明了一定要有像万里这样的领导干部才能为农民带来幸福。从万里当初的实际工作和改革开放刚刚起步的情况看，这句话还表明，在历史转折的时期，领导的风险、魄力和更高层面上的意义。

无为县是全省最早实行大包干的县份之一，即是 1978 年开始的。为什么无为县在当时能冲破重重主力，在全省最早实行大包干呢？就是因为万里同志当领导有方和对无为县工作的大力支持。在武威实行大包干的起步和发展的关键阶段，万里先后二次亲临无为县视察，他说：“我要把无为作为推行大包干的联系点。”他每次来，都重点调研生产责任制推行情况，发现问题，就及时作出指示。

总之，“要吃米，找万里！”这句农民的心里话，说明万里当初实行大包干的改革决策和农业政策是正确的、是深得民心的。

6. 培养良好的心理素质，实现决策“天平”持久

“领导者心理素质是人的体力、智力、能力水平及其性格气质等多种因素的综合反映，是个人长期心理活动的结果。任何一个人的心理素质总是存在着这样那样的不足；但是，这些不足是

---

① 杜湖山、刘秀臣：《领导干部提高科学决策能力之思考》，《青岛日报》，2003 年 10 月 14 日。

能够通过有意识的训练得到改进和克服的，使其逐步臻于完善的。”① 应该说，领导者的心理素质和状态，常常在决策中表现出来的，由此直接影响决策和决策的执行。正鉴于此，领导干部更加需要加强心理素质的锻炼培养，特别需要培养训练充满自信、豁达乐观，尊重事实，客观公正，乐于进取、勇于竞争，临变不乱、多谋善断的心理素质，以良好的心理状态进入决策。

（四）决策能力是领导干部最为重要的能力素质

第一，科学决策的原则，是坚决贯彻执行中央的指示精神。在执行中央的方针政策时，必须紧密联系本地区、本部门、本单位的具体实际，即努力把中央的部署要求与本地区、本单位的实际紧密结合起来，这样才能使作出的决策避免随意性和盲目性，这样才能使作出的各项决策体现时代的要求、反映客观规律。

第二，科学决策的渊源，是对实际情况和客观事物的深刻把握。因为，调查研究，是谋事之基、成事之道。只有从客观实际出发，才能作出科学的决策。一切决策都应在调查研究的之后，都应该建立在对真实情况、准确信息的深刻把握的基础之上。所以领导干部一定要深入实际，把存在的问题和潜在的隐患摸准，以增强决策的针对性。

第三，科学决策的前提，是决策前获得准确、及时的信息。在此前提下，通过建立信息的横向对比和聚合系统，根据管理决策的要求，发现问题并形成数据分析的目标，建立分析比对模型，并将信息比对和分析的结果以多种维度展示给领导者，对他们决策提供信息支持。因为，这些信息决定了组织的决策是否正确。

对于领导干部未能及时作出决策，曾有这么一桩：

2005 年的夏天，美国的新奥尔良市遭受 3 次灭顶之灾。所以

① 《领导干部要具备良好的心理素质》，《反腐倡廉》，2010 年 8 月 27 日。

如此，正是由于各方面的决策者未能注重“卡桑德拉信息”所致。一句话，就是没有及时作出决策。

其实，早在2002年以前，新奥尔良市的大报之一《皮卡有恩时报》就曾做过长篇分析报道，详细地描绘了新奥尔良市收到5级大台风袭击时，该市有可能会遭受灭顶之灾的警示。该报作者麦奎德说：“我们发表了一系列文章，当时在整个小镇及整个州宣传这个问题，居住在新奥尔良市的大多数人都意识到了这是个危险。”可是，大多数人只是“祈祷并且希望这是个相当遥远的危险”。更令人遗憾的是，各级决策者都没有给予这个信息以足够的重视，更没有采取相应的措施。

2005年9月初，这一场灭顶之灾须按照该报记者的预测上演了。“灭顶之灾”竟显疯狂：4级大台风卡特里娜肆虐之后，护卫新奥尔良市的数道大堤纷纷决口，新奥尔良市区顿成一片泽国。因之而造成的断水、断电、断煤气更使得没有及时撤离的新奥尔良人坐以待毙。这场劫难的一周，等到数百万居民全部撤离之后，留下的只有不可计数的死尸和一座浸泡在臭水中的鬼城了。

第四，科学决策的程序，是领导干部必须坚持民主决策。在工作中，无论提出什么样的决策方案，做决定的领导者一定要有民主作风，正所谓“兼听则明，偏听则暗”。领导干部是当班长而不是当家长的、总揽而不包揽、决断而不独断。所以“要充分听取班子其他成员和广大干部群众的意见，特别是反面的意见，既要切忌‘一言堂’、‘一锤定音’，更要切忌‘鸦雀无声’、‘异口同声’这些现象，这样才能推进决策的科学化、民主化，提高决策水平。”①

第五，科学决策的宗旨，是贯彻落实科学发展观、构建和谐社会。领导干部在作决策时，必须把民生问题放在首要的位置进

① 《建设和谐单位，促进仪器仪表事业发展》，机械工业仪器仪表综合技术经济研究所，2009年12月31日。

行思考，切实树立起执政为民、以人为本的理念。应该说，决策的过程往往是决策者经受考验的过程。因为，它既有对知识、能力的考验，也有对品格、境界的考验。因此，只有把科学的认知能力与坚强的党性原则统一起来，才能从多变的形势中科学地预测本地区、本行业、本企业未来的发展趋势，从而制定出适应形势发展的科学化对策来。

第六，科学决策的方法，是作出决策之前注意“瞻前顾后”。“瞻前”，就是善于汲取过去的经验教训，搞好前后工作的衔接；“顾后”，就是要有战略眼光和历史眼光，把握方向、从长计议。在进行决策论证时，“要注重运用矛盾分析的方法，通过‘正’与‘反’的分析研究、‘利’与‘弊’的权衡比较，做到没有反复论证不定论，防止和克服上马前拍脑袋决策，实施中拍胸脯保证，搞不好拍屁股推卸责任的问题，力争使每一项决策方案都建立在严谨、科学、可行、可靠的基础之上，真正经得起历史、实践和群众的检验。”①

（五）善于决断、敢于负责是科学决策的要求

现代决策要求领导者要有高度的责任感和事业心，要有敢于负责任的决策素质。即在是非面前、在突发事件面前，就是考察领导者公正态度、决断魄力和决策素质的时刻。只有公道正派，善于决断，敢于负责，才不会贻误时机，避免或减少失误，才会赢得广大人民群众的信任和支持。

事实上，领导活动的过程就是作出决策并实施和追踪决策的过程。俗话说：一着好棋，全局皆活。那么，如何在领导实践中运用科学的领导方法，把好科学决策关，这是领导干部必须重视和掌握的关键，是提高领导执政能力的核心。

---

① 《加强战略思维提高决策能力》，《安徽路政信息》，2009 年 4 月 28。

1. 创新的决策才能称之为“与时俱进”的决策

对于决策，首先要教育引导领导干部树立科学决策的理念。有些领导干部由于受理论水平、政策水平的制约，往往视野窄、起点低，看问题提不上“纲”来，主意拿不到“点”上，所以直接影响了决策的科学性。鉴于此，必须提高科学决策能力，不断加强学习、提高理论思维能力和政策水平。即“认真学习党中央制定的路线、方针、政策，学习法律、市场经济等一系列知识，并将这些理论和知识逐步转化为基本的思想理论素质，转化为观察、处理问题的立场、观点、方法，转化为指导工作实践的实际能力。”① 这样，才能在决策中以理性思考取代直观判定，以敏锐的视角取代习惯思维，赢得工作的主动权；这样才能体现出决策的创造性活动性质。应该说，没有创新就没有决策，没有创新的决策，就不能称其为“与时俱进”的决策。

北京同仁堂是有着300多年历史的中医药行业著名的老字号企业。目前，同仁堂已经发展成为拥有境内、外两家上市公司，海内外70多家分店，总资产30多亿元，年销售额33亿元，年创利税3.4亿元，集产供销、科工贸为一体的大型企业集团。那么，同仁堂为什么能在激烈的市场竞争中立于不败之地、并不断发展壮大？其主要是同仁堂能够继承传统文化的精髓，并随着时代的发展，不断融入新的内涵。即是与他们以质取胜的“质量观”密切相连的。

在生产的过程中，同仁堂总结了自己的制药特色，叫做：“配方独特，选料上乘，工艺精湛，疗效显著”，并不断融入新的内容。“配方独特”，过去主要是指同仁堂的处方来源有特色，既有祖传秘方、民间验方，也有清宫秘方。如今，同仁堂的配方更增加了科技内含，在“九五”期间，共开发研制了22个新产品，其中塞隆风湿酒为全国开发的第一个国家级一类新药。“选

---

① 方敏：《必须大力弘扬求真务实的工作作风》，《铜陵日报》，2008年4月26日。

料上乘”，制药关键是选优质材料。过去，我国北方地区的最大药市——河北祁州药市，是同仁堂优质药材的供应地。如今，同仁堂已建立七大药材种植基地（还将继续扩大种植面积和药材品种），为生产绿色药品打下了坚实基础。“工艺精湛”讲的是同仁堂的制药工艺，是传统古训“炮制虽繁必不敢省人工，品味虽贵必不敢减物力”的具体体现，形成了“兢兢小心，汲汲济世”的道德规范，如今，中药生产已步入现代化轨道，大批引进了国外一流的生产流水线，建立了符合 GMP 标准的净化车间。“疗效显著”是以上三个方面的集中体现，由于同仁堂配方、选料一直到加工制作，都严格按照国家最高标准进行，从而确保了同仁堂的药品质量。许多顾客，包括海外患者都专程或让亲朋好友到北京同仁堂购药，他们只给了一个评价：吃同仁堂的药放心。

2. 作决策必须符合现实要求、符合客观规律

科学的决策来自于对事物的正确判定，而正确的判定来源于对客观实际周密的调查研究。应该承认，有些领导干部不同程度地存在着：对上级文件、指示不认真研读，理解得不深不透，对下面情况若明若暗，以至出现了盲目决策的现象；下到基层身到心未到，走马观花摸不到实情，以至出现了轻率拍板作决策的现象。在很多事情上，“不是群众没有意见和建议，只是领导干部没能听到，以致决策没能充分反映群众的意愿；很多情况，不是领导干部不愿执政为民，只是没有充分调查研究，作出的决策不符合现实要求。作为领导干部，必须强化调查研究是‘谋事之道、成事之基’的意识”[①]，在决策中先调查再议事，先知实情，再谋对策，从而使决策建立在坚实的客观基础之上。

3. 作决策必须广泛征求意见、防止工作陷于被动

领导干部要实现科学决策，就是要发扬民主，广泛征求各方

① 《调查研究是成事之基谋事之道》，《领导决策信息》，2007 年第 3 期。

意见。有的领导民主作风差，把集体领导变成“一言堂”，结果堵塞了言路，导致决策偏差；有的领导片面地认为广泛征求意见会影响决策效率，在作重大决策时仅征求班子成员的意见，而且在征求意见过程中往往带有某种暗示。事实上，“在一些重大决策上，广泛征求意见一时可能要多花些时间，但从长远来看，则是减少麻烦、防止工作陷于被动、提高效率的有效途径。因此，决策前要吸纳各方的建议；决策中善于倾听各种不同的意见，不断补充完善方案；在决策后勇于面对现实，真心听取反馈意见，该修正的修改，该中止的中止。”① 一旦实践表明决策失误了，领导者应主动承担责任。

4. 作决策必须在条件成熟时才能“一锤定音”

在现实工作中，有的领导干部把握大局的能力差，主要表现为，会议讨论问题往往变成了无休止的争论；有些部门或单位在决策的过程中，仓促开会，临时动议，显然准备不充分；有的对有分歧意见的问题，事前不做个别酝酿和统一思想的工作，动不动就采用举手、投票等表决的方式。在集体决策时，主要领导应坚持原则，先把上级的指示精神学透，把规定的要求搞明白，把实际情况弄清，再来研究具体事情。“当出现不同意见时，不要强行作决议，而应共同达到议深、议透、议准的目的；当基本达成一致意见后，该断要断，果断作出决策。同时，也要建立违反程序追究制度，凡没有按照规定程序、没有按民主集中制程序作出的决定都要取消，都要追究当事人的责任。”②

（六）领导干部决策失误的原因分析

其实，造成决策失误的原因是很复杂的，但主要是决策制度

① 楚国良：《关于加强新时期乡镇党委书记“六种能力”建设的思考》，《发展中国论坛》，2009 年 12 月 14 日。

② 李建平：《科学决策，发挥政治核心作用的调查与思考》，《中国中铁四局集团党建专题》，2009 年 4 月 22 日。

的因素和决策者的因素两种。确切些说，主要体现在决策体制高度集权、相对封闭，有些领导者素质不高，在决策过程中缺乏运用现代决策理论和先进的信息技术等方面。

从领导自身的因素进行分析，原因有四。

第一，存在形式主义态度，“唯上”引起的失误。决策一般可以分为高层、中层和基层。相对较低层面的决策通常要以较高层面的决策为依据，以确保较高层面的决策得到落实。“但是，建立在单纯‘上级’观念基础上产生的形式主义往往导致脱离实际的照搬照抄和盲目执行，不仅使本级的决策缺乏创造性，而且使本级决策既脱离上级的精神实质，又脱离本地区、本部门、本单位的实际。”① 正如毛泽东所指出的，“不把握实际情况进行讨论审查，一味盲目执行，这种单纯建立在上级观念上的形式主义态度是不对的。”② 既然决策已不具有或缺乏科学性，这样就产生了决策的失误。

第二，习惯于行政命令的管理，没有依法而造成的失误。这就是个别地方的领导干部，他们仍然习惯于依靠长官的意志来管理经济、社会和文化事务，在决策中搞地方保护主义、部门利益至上，由此损害了国家法律和政策的统一。领导干部的科学决策是一项十分复杂的系统工程，必须依靠科学技术和决策者的知识等各方面的意见，才能做出科学决策。如果领导干部认为决策就是自己作决断，那就必然会由于领导干部的个人素质和掌握情况的局限性而导致决策失误。

第三，脱离社会变化的现实，“老经验”引起的失误。在生产不发达、科学比较落后、事物发展变化缓慢的条件下，靠经验决策还具有一定的合理性。但是，“在进入社会化大生产和经济

① 王炳祥：《领导者科学决策的基石：主观与客观相统一》，《施工企业管理》，2003 年第 8 期。

② 肖凤鸣：《关于司法决策能力建设的几点思考》，《中国法院》，2005 年 9 月 12 日。

全球化、信息化的时代之后，社会变化日新月异，不确定因素增多，信息处理的复杂性急剧增加，而个人的知识、经历是有限的，因此，一个人自身的经验不一定是最好的指导”。[①] 所以，倘若还继续沿用“老经验”或者照搬书本的老框框、老办法，决策十有八九要失误。

第四，不能综合运用现代科学知识，领导干部的低能引起的失误。领导干部的决策，必然受其运用知识的能力、理性思维的能力以及决断能力、直觉能力的影响。如果领导干部不能综合地运用现代科学知识，或者不能将科学知识转化为理性思维的能力，或者抓不住机遇而优柔寡断，或者不能运用既以多向性思考为特征，又注重事物整体性的直觉能力，那么也会引起决策失误的。

从体制环境的因素进行分析，原因有四。

第一，上级部门或领导下达过高的指标引起的失误。事实上，决策总是有目标指向的。但有些上级部门或领导者，往往给下级决策者下达过高的指标、过高的工作任务，而下级决策者又不得不按这个目标要求去决策、去完成。下级领导者执行上级部门“这一不切实际”的指标，最终不可避免地造成了决策的失误。

第二，由领导干部的决策责任不明确引起的失误。领导干部决策具有鲜明的政治性，也就是要向党、向国家、向人民负责。而在我们的现实生活中，“由于领导干部的决策责任不明确，决策不承担政治和法律责任，又缺乏必要的监督，致使一些领导干部胡乱决策，引起决策失误。”[②]

第三，由政府职能转变进程缓慢或不转变引起的失误。对于

---

① 管永前：《行政决策失去逼得原因分析与对策探讨》，《中共山西省委党校学报》，2009 年第 2 期

② 果戈理：《试论领导干部科学决策应注意的几个问题》，《中共四川省委党校学报》，2004 年第 4 期。

领导决策，自然是针对所管辖的工作范围进行的。但是，由于政府职能转变进程比较缓慢，仍然存在越位、越权管辖和决策的问题，而决策者对不管辖的地区、行业、单位的情况、规律、特点等是不了解的，是由于盲目地决策，其结果必然引起决策上的失误。

第四，非决策部门或个人没有向决策者公开信息引起的失误。科学决策不仅需要对事物做定性的判断，而且还要对事物做出定量性的分析。但是，由于决策信息往往掌握在一些非决策的部门或个人手中，没有向决策者及时公开，“决策者掌握的信息与决策需要的信息不对称”①，这就可能引起决策上的失误。

当今社会已经进入信息时代，国际互联网迅速进入经济领域，对世界经济造成强大冲击。这是1996年国际经济十大新闻之一。西方经济学家指出，信息交流是国民经济增长的倍乘因子：开拓农业产业化市场，离不开国内外各种经济信息和市场信息。信息不灵，是发展市场经济过程中的大忌。一条有重要价值的信息可促成一笔大的交易甚至能派生出一个产业。与此相反，由于信息不灵或信息不准，可以导致决策失误或产业衰败。例如，在全世界VC生产已大大超过需求能力的情况下，我国一些地方由于信息不灵、不准盲目决策，又投巨资兴建了一批大型VC主产企业，如郑州市投资20多亿元兴建的VC厂，收回投资几乎是不可能的。因此，在农业产业化的过程中要开拓市场，当务之急是必须建立现代化的信息网络。

（七）决策失误所造成的损失也应看成腐败

昆明市委书记仇和在一次会议上的讲话，谈到腐败问题时，有这样的观点：

“腐败我看有三种：第一种是贪污；第二种是决策失误造成

① 楚国良：《关于提高领导干部科学决策能力问题的研究》，光明网，2010年10月26日。

经济损失；第三种是宁愿少干事，甚至不干事，保证不出事，四平八稳，按年龄大小、皱纹多少、胡子长短排队等提拔，失去机遇，影响一个区域经济社会发展。后两种比第一种造成的损失更大，更可恶。”仇和强调，要把反腐倡廉建设放在更加突出的位置，在坚决惩治腐败的同时，更加注重治本、预防和制度建设。①

中国人民大学公共管理学院的毛昭晖教授认为，“国家对贪污、受贿等经济腐败的查处力度很大，党章和法律已有一套较为完整的惩处体系，但对危害性更大的决策类腐败，却还缺乏严格的评价、惩处体系，这是反腐工作中的一个缺失。”②

2000 年 5 月，在“旧城改造”的名义下，浙江省舟山市政府竟然不顾文物保护专家和广大市民的强烈反对，把定海古城的古建筑强行拆除了。对此，部分定海百姓把毁坏定海古城的舟山市政府推上了被告席。可结果，是舟山市政府一方胜诉了，就这样，定海古城无可挽回地被拆除了。据报道，一开始诉状递交到舟山市中级人民法院，法院的主要负责人就说：“这件事儿是市里‘五套班子’决定的，你们不要闹了，告也是告不赢的，我们法院也不会受理！”

至于决策浪费的典型，那就是修建珠海机场了。在已有多个机场的地区，硬要花几十亿元再挤进去一个机场。十年过去了，可这个机场每天只有几个航班，每年要赔上 7000 万元，而且眼看着还要一年一年地赔下去。

一些评论者为什么不认为决策失误、不作为不是腐败，一个重要的原因就是在现实中。我们所说的腐败虽然大多数是指狭义的经济腐败，也就是把不正当的通过使用权力为自己或他人谋取不正当财产，才当作腐败。事实上，“一些广义的腐败行为在目前的情况下虽然难以入罪，有的腐败行为还只是当作违反道德。但反腐败从来就是影响到一个执政党的生死存亡的大问题。就拿

① 《都市时报》，2008 年 1 月 8 日。

② 毛昭晖：《决策腐败危害更大》，《中国青年报》，2008 年 1 月 12 日。

决策失误来说，2006 年，国家审计署对 10 家中央企业原领导人任期经济责任审计的报告显示，这些企业转移挪用、贪污受贿等涉嫌经济犯罪金额 16 亿元，但由于决策失误造成的经济损失高达 145 亿元，是 16 亿的 9 倍之多。”①

有的领导还认为，“决策失误所造成的损失可能比贪污更大，也更容易用‘决策失误’来搪塞而免责，因而给当地经济社会发展造成的巨大损失易为人们所忽视。所以，应当把决策失误所造成的损失也看成腐败，并用科学而民主的决策机制，以及彻底的决策责任追究制度，来杜绝这种现象。”②

那么，如何来看“决策失误所造成的损失也是腐败”呢？对此，武汉大学政治与公共管理学院教授柳新元先生认为：

第一，在我国，由于行政权力过分集中和缺乏监督，决策者的腐败在很大程度上已成为现行的行政管理体制的一个重要的结构性因素，即体制性缺陷。这样，因决策者的腐败而导致的决策失误，占整个决策失误的比例就可能非常高。

第二，我国因腐败导致的决策失误，迄今为止还是一个规制缺乏的灰色地带。它既可以用“工作失误”搪塞，也会因决策失误责任追究制度的缺位而免除惩罚，因而它完全可以成为滋生大量个体性和集体性腐败的温床。

第三，若从整个社会的成本与收益的角度来看，不管在公共决策过程有无腐败，由公共决策失误所带来的经济和社会福利损失，丝毫不亚于由贪污和受贿等明显的腐败行为。甚至因为公共决策的影响面更大，带来的损失和后遗症可能会更大。

第四，因为政府的收益，除了投资收益就是税收，老百姓直接或间接地为其决策失误埋单，也就成了必然。（因为，一些地方的县级政府把因投资决策失误所带来的债务转嫁成为农民的负

---

① 夏正梅：《决策失误、不作为，同样是腐败》，《蓝盾》，2008 年第 4 期。

② 柳新元：《决策失误算不算腐败》，《长江日报》，2008 年 1 月 25 日。

担了）。应该说，这种由决策失误带来的对老百姓的变相剥夺，至少在实质上与腐败的危害是一样的。

可以说，持有这样认识的领导者、学者，扩大了我国对反腐败问题的视野。

要掌握在研究状态下工作的方法

领导者学会在研究状态下进行领导工作，除了在思想上要树立这种意识外，关键还要掌握方法。根据作者的领导工作实践、对领导学和管理学的研究，既能帮助领导者解决自己身边的问题，又能帮助其在研究状态下进行工作的方法，主要应归结为“反思研究法”、“行为研究法”、“经验总结法”、“个案研究法”等。

一、领导者的“反思研究法”

这是领导者立足本职工作，以不断思考、反省和探索的精神，及时解决好领导过程中出现的各种实际问题的方法。

事实上，每一位领导者都有对自己的领导理念与领导行为加以反思、研究与改进的能力，都有一些对领导工作情境中的问题进行经验化处理的办法。但问题是，不少领导者只习惯于日复一日的“推磨式”工作，缺乏“反思”意识。实践证明，不经常反思的领导者进步就慢，经常反思的领导者进步就快。这就要求领导者具备一种反思意识，不断向自己提出各种反思性的问题，比如，“我这种领导思路可行吗”，“我的这些管理办法有效吗”。通过反思，领导干部才能不断地提高其工作水平。

（一）如何理解反思的内涵和特点

反思能力是领导者应具有的能力素质。就“反思能力”而言，其核心概念是“反思”，因而对“反思”进行实质性解读，是诠释领导者在反思什么和如何反思的前提。

1. 反思的内涵

反思，西方哲学中通常指精神的自我活动与内省的方法。也就是说，反思原本是一个哲学认识论名词。法国哲学家笛卡尔所说的，“我思故我在”[①]，是一个以“普遍怀疑”为第一原则的命题。中世纪的经院哲学鼓吹信仰主义，宣扬盲目崇拜，给人们留下了许多武断的且不容人们怀疑的教条，尤其是将上帝作为“默认设置”，一切都是在“上帝存在”的前提下来予以讨论。笛卡尔则认为，我们应当以人类理性为尺度，对一切认识和观念进行审视，其最根本的方法就是普遍怀疑。他说：“要想追求真理，我们必须在一生中尽可能地把所有事物都来怀疑一次。”[②] 其实，“我思故我在”，否定“我思”，就是“反思”。

现在有人对“反思”的概念，是这样界定的：反思是一个内在否定的认识过程，是一种辩证的思维方式，是一种具有创新意义的理想境界，是过渡并到达真理的桥梁。[③] 中国哲学历来是充满着反思精神的，所谓“扪心自问”、“举一反三”、“三思而行”等，都包含着深刻的反思成分。曾子说“吾日三省吾身”，即把反思作为自己修行的主要方式。因此，领导者学会反思，既是面对新背景、新变化，适应新形势、新情况，运用新思维、新办法，解决新矛盾、新问题的客观需要，也是实现以人为本，构建学习、研究型集体的必然要求。

2. 反思的特点

那么，领导者将如何对现有的感性知识加以辩证反思，以期获得理性的认识和理解，并促使其鲜活起来呢？那就必须了解反思的特点，必须经过对感性知识的去伪存真、去粗存精、由表及里、由浅入深的“与时俱进”的过程，以此才能揭示它们的内在本质和必然性。

---

① 《楚天都市报》2010 年 6 月 8 日。

② 笛卡尔：《哲学原理》，商务印书馆 1959 年版，第 1 页。

③ 周德义：《哲学诗话》，《教师·上》2010 年第 5 期。

一般说来，反思具有换位性思维、规律性思维和整体性思维的特点。

一是换位性思维，也就是换一个角度思考一些问题。当"我"（主体）在思考问题时，不仅仅站在自己的位置上，还要站在服务对象和第三者（裁判）的位置上来思考问题。二是规律性思维，也就是反思要遵循规律性原则。规律性就是人们已经认识和掌握的客观性，或者事物内在发展的必然性。三是整体性思维，也就是指反思具有全面性、综合性的特点。整体是有机的，反思的整体性是辩证的综合统一的过程。①

我们常说，"成绩不说跑不了，问题不说不得了"。有了问题，总结教训，吃一堑长一智，意义会更大。正如毛泽东同志所教诲的那样，"错误和挫折，使我们比较地聪明起来了，任何政党、任何个人，错误总是难免的，犯了错误，则要求改正，改正的越迅速、越彻底越好"。② 一个政党是这样、一个人也是这样。重视、正视自身存在的问题，善于从挫折和失误中学习，这是一种成熟的表现。因为"失败是成功之母"，善于从挫折和失误中学习，不仅有利于我们增强忧患意识，克服骄傲自满和麻痹大意的情绪，而且有利于我们把错误"改正得越迅速、越彻底越好"。

2008 年 11 月 10 日，石家庄市召开"吸取教训、转变作风、重塑形象、科学发展"主题教育活动动员大会，深刻反思"三鹿奶粉事件"。会上，省委副书记、石家庄市委书记车俊指出，要"吸取三鹿奶粉事件教训，每一名党员干部特别是领导干部，都要首先从自身做起，深刻反思思想工作作风方面存在的问题"。他强调，"要强化对企业经营者和从业人员的社会责任感、职业

---

① 李俊昌：《教师应具有的教育能力素质：反思能力》，《天津市教科院学报》，2006 年第 1 期。

② 王廷连：《品味俞正声"更要从挫折和失误中学习"》，《中国共产党新闻网》2009 年 10 月 28 日。

道德和守法经营教育，强化对广大群众的社会公德和公民义务教育，特别是通过深刻剖析三鹿奶粉事件，使广大生产经营者和人民群众真正得到警示、受到教育，从而在全市叫响‘诚信立市、诚信立企、诚信立身’的口号，形成守法诚信的良好社会风气”。“三鹿奶粉事件对石家庄奶业乃至整个食品行业是一场灾难，但也是一次新生的机遇。我们要吸取这次事件的惨痛教训，将其转化为搞好食品安全的巨大力量和勇气，用实际行动重拾信誉、重塑形象，努力把石家庄建成食品安全最放心的城市。”①

2008 年 10 月 20 日下午，在云南省委理论学习中心组学习会场上，省委书记白恩培的开场话让与会者精神为之一振：“这次学习，不搞漫谈。我们作一个改变，结合贯彻落实十七届三中全会精神、学习实践科学发展观活动和中央巡视组提出的 4 个问题，选择了阻碍云南科学发展、和谐发展的 5 个问题作专题讨论，依理说事，就事明理。”

随后，受到社会广泛关注的“阳宗海水污染事件”，成为中心组学习的开篇讨论案例。

2005 年至 2008 年 6 月，澄江锦业工贸公司上交税金 1162.8 万元，但是治理阳宗海水污染需要花费几十个亿，还影响了沿岸 2.6 万余人的饮水安全。

大家认为，“阳宗海水污染事件”，是我省近期发生的社会反应强烈、教训十分深刻的重要事件，是以牺牲环境、破坏环境为代价换取一时经济增长的典型案例，是学习实践科学发展观的鲜活教材，要以此为案例开展讨论，要深刻地反思，认真吸取教训，加深对科学发展观的理解，以此推动学习实践活动的深入开展。

白恩培指出：“澄江锦业工贸公司，表面上看，实现了工业总产值 6 亿多元，纳税 1100 多万元，但事实证明，无论从经济

① 《石家庄召开三鹿奶粉事件总结反思会》，《石家庄新闻网》2008 年 11 月 11 日。

效益还是从社会效益上看，以破坏环境为代价搞发展，这笔账非常不划算。”“我们有些领导干部作风不深入、不扎实、不认真，用文件落实文件，用会议落实会议。不管是什么事情，开了会就算任务完成了，发了文件就算工作落实了，到底贯彻执行得怎么样也不知道，最后问题暴露出来才发现。比如阳宗海水污染事件中，如果我们检查督促抓紧一些，落实得更认真一些，也不至于产生这样的后果。”他强调“一个地方、一个部门出点差错不怕，重要的是怎么对待和处理失误，怎么总结经验教训，使我们聪明起来，使我们的能力和水平不断提高。”①

对于这起事件，根据云南省委、省政府的部署和白恩培书记、秦光荣省长的重要批示，已形成了关于在全省各级干部和广大党员中深入开展“阳宗海水污染事件”专题案例教育的方案，以及关于组织开展“阳宗海水污染事件讨论”的方案。省纪委对阳宗海水体污染事件的调查情况和处理意见已经形成并通过省委常委会讨论。

至于领导者的“反思能力”，一是指将其职业活动本身作为意识的对象，即领导者的自我观察、判断、评价、设计的能力。二是指领导者为保证工作的成功达到预期的工作目标，而在工作过程中，将领导活动本身作为意识的对象，不断地对其进行积极主动的计划、检查、评价、反馈、控制和调节的能力。②

目前，许多领导者被日常具体的繁琐事务所缠绕，没有系统地梳理和审视过自己的领导观念和领导行为，对自己的知识结构、领导能力、领导绩效不能做出正确的、恰当的评价。尤其面对当前新形势对干部的要求，为数不少的领导者茫然而不知所措，不知道该做什么，能做什么，做得怎样等实际问题。因此，

---

① 谭晶纯、刘晓颖、谢 炜：《云南省委中心组反思阳宗海水污染事件》，《云南日报》2008 年 10 月 21 日。

② 乔虹皓：《试论教师的教学监控能力》，《教学与管理》，2008 年第 9 期。

培养和强化领导干部对问题进行追问、探究的反思意识，提高反思的能力，提升领导水平和境界，将成为领导干部队伍建设的关键点。

（二）变推磨式工作为拧螺栓式的工作

倘若我们从学校的角度说，“一位好校长带出一所好学校，一名好教师带出一批好学生”①，这已成为不争的事实。今天，在我国教育教学改革突飞猛进的新形势下，这一理念显得尤为重要了。这是因为，学校的一切活动都具有教育性，事实上没有教育性的活动在学校里是不存在的。一校之长的一切工作都具有教育性，都是为了充分挖掘和体现学校教育与学校管理过程中的教书育人、管理育人、服务育人、环境育人等整体教育的效能。”也就是说，教育理念必须提升，教学方法必须更新，这样才能成为研究型的领导干部（对学校来说即为校长）。

何谓推磨式工作？“磨”是很重的两块石头落在了一起，是用来磨碾粮食作物的旧时农家用具。操作时，你不用力推它，它是不会转动的。推磨式的工作方式，是说校长无论推转多少圈也只是原地，学校没有大的发展和提升，无法跟上国家教育发展的新形势。

何谓拧螺栓式的工作？螺旋，你每拧一圈，它都前进一格，是说这样的校长不断更新自己的教学理念，在提高教师素质上肯于下工夫，用科研的手段改进教育教学，学校求发展，一批批优秀的教师、学生也才会脱颖而出。

从现实领导干部的现状来看，在同样的领导干部级位之中，有的具有真才实学，有的却显得肤浅甚或十分肤浅。其主要的原因，就是前者善于学习，而后者不重视学习。不重视学习的领导干部，有些是为官的作风问题，有些干部是不大善于学习，或者

---

① 才成彬：《好校长与好教师小议》，《现代教育科学》2007 年第 6 期。

说学习能力不强。鉴于此，提高领导干部的学习能力，委实需要探索领导干部加强学习的主要途径。

1. 应该自觉地保持、培养强烈的学习欲望

对领导干部来说，学习同工作一样，是必须承担的责任和使命。但在现实情况中，我们常会看到一些现任领导每天大量的时间流于文山会海、迎来送往。由于对问题缺少学习、研究，久而久之虽身在领导位置，却缺少推进事业的新思路，说话没新意，做事没创建。须知，能力是要靠不停顿地加强学习与研究的。因而，“每一位对党的事业负责的领导干部都应以学习型领导的目标激励自己，以自觉的求知欲、谦逊的态度、顽强的毅力、锲而不舍的功夫搞好自身学习。”①

实践表明，只有勤奋好学、学以致用，才能坚持与时俱进，创造性地开展工作。在学习精神上，毛泽东等老一辈革命家是最好的典范。无论是爬雪山过草地的长征途中，还是转战陕北期间，书籍都是毛泽东最珍爱的宝贝。在延安时期，毛泽东经常约十来个人开哲学座谈会，点亮了干部们学哲学的热情、照亮了马克思主义和中国革命实际相结合的道路。

其实，领导活动的过程就是先知先觉的人领导后知后觉的人，再开发不知不觉的人。一个领导者对自己不知，对领导活动领域的事情和规律知之不多或知之不明，就够不上是称职的领导干部。日本著名企业家松下幸之助曾说，作为领导者、管理者，“应有先见之明，想法和创造都先于他人，做不到这一点，就不能成为经营者。”② 并不是每个人都能达到先知先觉的境界，但不断学习就能让人更向上一层，就会使你的想法和创造都先于他人。

其实，一个伟大人物在其辉煌成就的背后，都有，一辈子手

① 刘宪：《领导干部提升学习力的主要途径》，《中心组学习辅导》2009 年第 2 期。

② 宋先青：《松下幸之助经营语录》。

不释卷的读书人。读书储备了知识，优化了知识结构，更新了观念，提高了自己的思想品质。曾任美国第37位总统的尼克松一生勤奋好学，喜好读书，在他的自传体著作《在角斗场上》曾说："阅读是我人生的最大嗜好。"他阅读的习惯与他的母亲有很大的关系。尼克松的母亲知书达理，文化素养较高，在尼克松上学之前，她就在家里提前教会了他一些课程，并引导他去阅读书籍。尼克松受到母亲的影响，上小学时就特别喜欢看书，每天做完作业和家务劳动以后，他便独自坐在壁炉边，沉浸于书的世界之中。到中学上学时，他就被同学们称为博学的小百科了。广泛的阅读不仅使尼克松增长了知识与才干，而且养成了良好的意志力和自我约束的能力，这为他以后步入社会、世界大国之首脑打下了坚实的基础。

还有台湾省知识分子倡导的"新读书主义"宣言提出，"自己再累也要读书，工作再忙也要读书，收入再少也要买书，住处再挤也要藏书，交情再浅也要送书。"① 读书是一种清高的心灵活动，读书一向被称为雅事乐事，"万般皆下品，惟有读书高"。再就是新加坡的企业家，他们也特别重视读书活动，经常聚会在茶馆讨论读书心得，认为"茶也醉人不需酒，书能香我何必花"。如果每个领导者都把读书当成一种不可割舍的嗜好，那么，领导者的人生将会变得更加充实、丰富而又多彩。

2. 应该坚持学习的多维性、拓展认知渠道

说起加强学习，有些同志只是书本学习的概念。实际上，作为领导干部，加强学习是个多维的概念，就是说途径要多，渠道要宽，实现"全面学习"。②"全面学习"，就是向理论学习，向实践学习，向上级学习，向群众学习，向过去学习；既要重视个

① 才新新：《浅谈语文教师修养之读书篇》，《魅力中国》2010年第22期。

② 刘宪：《领导干部提升学习力之途径探索》，《龙城清韵》，2008年10月7日。

人学习，又要重视团队学习，既要重视学习的专用性，又要重视学习的广博性。[①] 对领导干部来说，这些加强学习的基本途径，哪一个都很重要，缺一不可。抓紧自身多维方式的学习，才是真正意义上的加强学习。

此外，领导干部提高学习能力，要在深入思考上下工夫，学会在研究状态下工作。我们强调提高学习能力，也就是提高理论与实际结合的思考能力和运用理论的工作能力。

3. 应该深入思考、在研究状态下工作

人类的优势是思考，人类的伟大业绩也是思考创造的，通过思考，人类才能不断地实现自我超越。领导者学会多思，就能激活思维能力，开发创造性思维，提升智商。

领导干部提高学习能力，就要以邓小平为典范。他在“文革”下放到江西期间，由于他具有了对国运兴衰的深刻思考能力，才有了粉碎“四人帮”后我国改革开放的建设新局面。因此，各级领导干部都需要时时、事事、处处以研究的心态去工作，改变日复一日“推磨式”应付日常事务的工作方式，养成动脑用心的研究式工作的习惯。在这里，我们来看看先贤们是如何看待学习的。

孔子说：“学而不思则罔，思而不学则殆。”意思是说：只读书不思考，后果是糊涂的；只思考不读书，后果是危险的。

俄罗斯神经学专家巴甫洛夫说：“锲而不舍地思考是取得重大成就的前提。”

美国心理学家丹尼·高曼说：“要想在事业上有所成就，将以有无创造性思维的力量来论成败。”

亨利·福特说：“思考是最艰难的工作，这也就是为何很少有人愿意去做的原因。”

德国哲学家叔本华说：“只有我们独立自主地思考，才真正

① 焦中明：《多维的学习方式》，《学习时报》2010 年 11 月 1 日。

具有真理和生命。”①

爱迪生说过，“不下决心培养思考习惯的人，便失去了生活中最大的乐趣。”②

高尔基曾说：“懒于思索，不愿意钻研和深入理解，自满或满足于微不足道的知识，都是智力贫乏的原因。这种贫乏通常用一个词语来称呼，这就是‘愚蠢’。”③

辩证地说，在领导干部生活中，其实最可怕的事情不是暂时的不成功，而是不能从失败中思考出成功的智慧来。有的领导干部，仕途上所经历的很多失败，可以说就是缺乏思考的必然结果。如果对问题进行深度的思考，不仅可以避免很多挫折、失败，还可以把逆境转化为等量或者更大的利益。

领导者不能只在一个方向上积累自己的思考才能，还要提高自己思考的发散能力，学会运用移植法，也就是从“不相关”的事物中寻找启示和线索。领导者不仅要通过思考对问题有独到的见解，还要善于把自己思维的结论用精辟的语言加以概括、提炼，几个字就能把事情的要义讲清楚，让人茅塞顿开。

“新的世纪中国社会的新发展需要新的领导风范，这种风范就是学习型、研究型领导人才。各单位的学习型组织建设也需要靠学习型领导人才率先垂范。各级领导干部在努力提高领导能力的过程中，人人重视提高自身学习能力，必将为普遍提升领导素质、提高中国经济的竞争实力和社会的全面进步奠定基础。”④

（三）“一日三省”，细想有益

古人云：“不知其非，安能去非？不知其过，安能改过？”⑤

---

① 张康桥：《以语文的方式，深度何处寻》，《小学青年教师》2006年第1期。

② 《人生格言——“读者”》，电子图书·学校专集。

③ 《人生万句格言》之三，电子图书·学校专集。

④ 焦中明：《多维的学习方式》，《学习时报》2010年11月1日。

⑤ 《思过改过正官德》，《决策与信息》2007年第11期。

领导干部尤其是党员领导干部无论身居何职，官居何位，都应“一日三省”，常对照党性和廉政要求思过改错，正派做人，踏实做事，当好人民的公仆。

领导活动本身是一种没有终结答案可寻的理论，更没有完美有效的公式或方法。领导实践活动中积累的经验和教训，从正反两个方面凝聚着丰富的智商。

应该说，有价值的解决问题的方案不是来自书本，而是从实践中的感悟。“中国人用人体悟自然、领悟社会，又用自然体悟人、用社会领悟人，这种‘天人合一’的思考问题的模式，把世界整体收入内心的思维方式，通过‘多悟’探寻外在世界的真实道理，去解决用书本知识、用一般经验、用逻辑推理和用手用脚都解决不了的问题。”①

古人云：“欲修其身者，先正其心”，“心正而后身修，身修而后家齐，家齐而后国治，国治而后天下平。”意思是说，思想端正才能提高人的修养，自身修养提高之后才能治理好自己的家，管理好自己的家之后才能治理整个国家，治理好整个国家后天下就太平了。

“反思”一词听来刺耳，但细想有益。一个人难免不面对困难、不犯错误、不经历挫折。事实上学会反思，主动反思，体现着一个领导干部的工作方法、工作作风、人品修养，是解决困惑和难题的一把钥匙。在领导的工作实践中，我们会发现一个优秀的领导干部能够主动地反思，在改造客观世界的同时，反思自己在工作方法、思维方式上的缺陷和不足，完成对主观世界的改造，实现内在素养的提升，这种精神是值得提倡和赞颂的。“如果一个领导干部面临问题和过失还要‘掩饰’、‘耍官腔’，对群众和媒体‘撒气’，对责任‘退避三舍’，或‘一推了之’，那

---

① 陈树文：《卓越领导者的智慧》，清华大学出版社2009年7月版，第39页。

么，其不但会成为‘媒体的爆料’，而且会自毁前程。”①

我们党是中华民族优秀传统文化的继承者，非常重视修身养性、提高人格的重要作用，并在实践中不断予以发展。当前，在发展社会主义市场经济的新形势下，党中央要求领导干部廉洁自律，就是根据时代发展需要赋予“修身”的新内容。古往今来的事实证明，“无论是治理一个国家、一个地区、一个单位，还是一个家庭，都必须先端正自己的思想，提高自身的修养。因此，作为执政党的领导干部，只有切实增强廉洁自律的能力，才能承担起治国理政的重任。”②

（四）查找差距，自我醒悟

1. 经常想一想党性锻炼和修养强不强

须知，党性锻炼是一种自觉的修养行为，需要通过不断地学习来自我教育、自我改造。加强党性的锻炼，就应该不断地提高理论素养，确保在重大是非面前保持坚定正确的政治方向。欲保持坚强的党性观念，那么就应该牢记肩负的职责，自觉地用党性原则规范自己的言论和行动。为此，就必须常修为官之德，常思贪欲之害，常怀律己之心，不断提高思想道德修养境界。作为领导干部，无论你的职位有多高、权力有多大，心里都应该始终装着群众，始终把党和人民的利益放在第一位。同时，要保持健康高尚的生活情趣，争做一名思想上始终清醒、政治上始终坚定、作风上始终务实的模范共产党员。

周恩来总理在世的时候对他的夫人邓颖超一直是持限制职务、压低工资级别态度。邓颖超是1925年加入中国共产党的，经过两万五千里长征，是我们党的老一辈无产阶级革命家。建国

① 梁国雄：《领导干部要经常自我反思》，《衡阳党建》2009年9月15日。

② 李书灵：《领导干部要切实增强廉洁自律能力》，《中国政法大学党建》2009年3月25日。

初期，民主党派和党内好多人都力荐她担任政务院（当时称政务院——作者注）的部长。周总理讲，只要我在政务院一天，邓颖超不能在政务院当部长。待恢复全国妇联后，又有好多人推荐邓颖超担任全国妇联的主席，周恩来又给限制了。1975 年 1 月，周恩来总理负责筹备四届人大，当时中央政治局讨论并报毛泽东批准，邓颖超拟担任全国人大常委会副委员长，到周恩来那儿他又给限制了。在 1955 年批定工资级别的时候，本来邓颖超可以评为五级，到周恩来那儿又降成六级。

这一桩桩事例，就可以充分说明周恩来总理在对待个人及亲属的名利地位方面，堪称我们全党的楷模。因为，他早就说过带头过好五关，即思想关、政治关、社会关、亲属关、生活关[①]。他不但这样说了，而且这样做了，为全党树立了榜样。

2. 经常想一想能力和本领硬不硬

打铁还需自身硬。作为一个领导干部，如何不断提升自己的能力，锻炼出“打铁”的过硬本领，这是每一个领导干部所面对的实际问题。当前，我国正处在体制转轨和社会转型的关键时期，社会经济成分、组织形式、就业形势、利益关系和分配方式等日益多样化，复杂化，并由此而引发出城乡之间、不同地区之间、不同社会群体、社会阶层之间的复杂矛盾。那么，如何恰当地解决这些问题呢？就此，对领导干部的能力提出了更高的要求。因此，要经常反思自己驾驭复杂局面的能力如何？有没有组织指挥、领导协调的能力？有没有与时俱进、改革创新的能力？有没有做好群众工作、应对突发事件和群体性事件的能力以及服务基层、服务群众的本领？只有在这些问题上不断反思，你才能适应发展变化的形势，才能更好地担负起领导者的职责。

3. 经常想一想自律严格不严格

应该说，真正的问题所在并不是别人的攻击，而是你自己的

---

① 张挺生：《重读周恩来“过好‘五关’”的体会》，《福建党史月刊》，1998 年 11 期。

言行所致。因此只有反思言行，才能调整好自己的心态，才不会在觥筹交错、灯红酒绿中迷失方向。从近年来查处的一些案件、特别是大案要案可以看出，领导干部被不法分子拉下水、并逐步走上违法犯罪的道路，往往都是从作风上先打开缺口的。例如：成克杰、胡长清等人就是这样的反面典型。所以，领导干部必须要牢记宗旨，时刻保持清正廉洁，做到台上台下、人前人后都是一个样。做到：见不得人的事情不能做，艰苦奋斗的作风不能丢，吃苦耐劳的精神不能减，甘于奉献的传统不能变。

邓颖超同志生前写给中共中央的信中提到过她的远房侄子，就是邓光弼同志。几十年来，他一直默默地工作生活在我们身边——吉林省工商银行计划处。

邓光弼1948年在吉林市参加革命工作，一直在银行系统工作了近40年，1982年患病，1987年离休。他们1950年结婚，现有二子四女都参加了工作。光弼这个人一辈子就是老实。邓光弼的妻子说，结婚后很长时间，我也不知道他有这门亲戚，后来还是我公公来，才点破了这层“谜”。几十年来虽然邓颖超以及她的秘书赵炜同志屡次来信问有什么困难，但邓光弼同志和他的全家人从未提出过任何要求。其实这个家庭也和全国其他任何普通家庭一样。

1969年至1979年，邓光弼先后被下放到青沟和左家“五七”干校。6个子女中有4名当过下乡的知识青年，二女儿邓九萍在当时农安县榛柴公社集体户当了8年知青，两次抽人名额都被顶掉了，是全户最后抽回来的一个。即便是在这种情况下，邓光弼一家也从未向有关部门提起什么要求，因为子女们牢记父亲定下的家规——到外边一律不许说是邓颖超家的亲戚。

几十年过来，在这个家庭中，不但儿子女儿严格遵守着这条“家规”，就连他们的所有亲属都严守着这条“家规”。

邓光弼几次去看邓颖超都是利用出差或开会的空闲时间，最后一次见到邓颖超是1986年因公出差去广州，逢当时邓颖超正在广州疗养。在场的与邓光弼共事多年的省工商行许行长和张总会计师感慨地说："邓颖超同志信中对她唯一的一个远房侄子的评价是恰如其分的。"

领导干部作为公众人物，任何时候都要慎用权、善用权、用好权。要注重培养健康的生活情趣，保持高尚的精神追求，正确选择个人爱好。要慎重交友，多同普通群众交朋友，多同基层干部交朋友，多同先进模范交朋友，多同专家学者交朋友，做到"君子之交淡如水"。要常思"小节"害，常洗"名利"脑，常敲"自警"钟，处处检点得失，时时修正言行，真正做到稳得住神、管得住身、扛得住诱惑、经得住考验。只要"我们始终保持蓬勃朝气、昂扬锐气、浩然正气，我们的党就能够永葆青春活力，带领亿万人民奋斗不息，实现中华民族的伟大复兴。"①

（五）认识独特思维活动，充分运用反思过程

反思作为一种独特的思维活动，不可能凭空存在，其基础恰恰是领导者丰富的工作和生活经历。而工作和生活中的难题，以及由此带来的个体的不足或不适应，则是领导者反思的重点。从解决问题的途径看，主要从改进领导者自我，提升自我的方法入手，则是反思的直接对象。

1. 从自己的经历中反思最有效

唐太宗（李世民）说：以铜为鉴，可正衣冠；以人为鉴，可明得失；以史为鉴，可知兴替。

经历是一面镜子，可以鉴别是与非，得与失，让人变得聪明一点。历史上无数经历屡见不鲜：唐明皇拜倒在杨贵妃石榴裙下；唐朝大诗人李白亲历命运起承转合，大起大落；梵高一生悲苦对艺术执著追求；贝多芬则用苦难谱写出了震撼人心的《第九交响曲》；雷锋助人为乐；丛飞崇高奉献的先进事迹……

我们常在不同场合上说，"经历是宝贵的财富"。其实，这话

---

① 本报评论员：《始终保持蓬勃朝气、昂扬锐气、浩然正气》，《人民日报》2002年3月22日第1版。

是有问题的，因为经历不会自动成为财富，只有经过反思的经历，从中总结出经验或吸取教训之后，经历才会变成宝贵的财富。有的领导干部善于从别人的经历中学习，是想从那些名人的经历中得到激励，获得宝贵的心得和经验；有的领导干部善丁从自己的经历中学习，对自己经历进行的反思。应该说，后者才可能掌握事件发生时最详实最真切的心理活动信息，所以对自己经历的反思最直接、最可靠、也最有效。

2. 从深入一线中解难释惑最受益

领导者的成长过程其实也就是其工作方法和思想方法逐渐成熟的过程。而工作方法和思想方法的成熟，一方面来自于对自我成功经历的反思，这是获得经验的过程；但更主要的是对自己失败或不足的反思，这是汲取教训的过程。“成熟之稻谷永远低垂于大地！身为年轻干部必须时刻牢记从群众中来到群众中去的群众观点。因为，人民，只有人民才是创造历史的主人。恃权傲物，唯我独尊的思想要不得。轻车简从，实地调研，取得第一手资料才是求实务实的根本。深入基层，深入一线，解难释惑，答疑解惑，把初显的问题解决在萌芽之中，消灭在初始阶段才是为官之道。”①

2006 年 6 月 2 日上午，刚一上班，黄冈市市长刘善桥就来到市台办办公室，与应约前来的台资企业黄冈市永通食品有限公司副总经理陈如意进行座谈。

黄冈永通食品有限公司是黄冈市引进的一家以脱水蔬菜和冷冻食品加工为主的农业龙头企业，自去年 10 月份投产以来，已加工各类生鲜蔬菜 6000 吨，极大地带动了黄州区蔬菜产业的发展。但因公司刚起步，在原料组织、基地建设、垃圾处理等方面面临不少问题，台商对此十分着急，希望政府能够出面进行协调。

---

① 曹希东：《年轻干部成长过程中应注意把握的几个基本问题》，《中国共产党新闻网》2009 年 8 月 13 日。

刘市长听完台商陈如意先生的情况介绍后，一一作了解答，一并提出了具体的解决问题方案。关于原料组织问题，刘市长提出：合理安排种植季节和收购日期，排班收购，避免蔬菜集中上市给公司和农户利益带来损失；自建蔬菜基地，保障菜源供应，合理处理生产旺季与淡季的关系；迅速搭建凉棚，避免当前高温造成蔬菜腐烂变质。关于公司垃圾处理问题，刘市长请台商陈先生放心，该事项由政府部门负责解决落实。即要求参加座谈会的黄州区委领导迅速协调有关部门成立环卫中心，以便处理永通公司每天产生大量的蔬菜垃圾，并用市场的办法加以综合利用。关于蔬菜基地建设问题，刘市长要求黄州区委、区政府要搞好农田水利基本建设，确保基地旱涝保收。台商陈如意先生对刘市长亲自关心永通公司发展，帮助永通公司解决具体问题十分感谢，并表示有刘市长亲自为黄冈永通的发展解难释惑，相信经大家的共同努力，一定会实现公司和农户的双赢。

3. 从指向自我的反思最为持久

反思绝对不是对于现有生活的绝对背叛，虽然一定程度上意义上来说，它需要打破一些现有的概念，可是究其根本，是为了建立一种更为清晰也更为适合的概念。这如同更换羽翼的鹰隼，在经历长期的甚至面临全面崩溃的蛰伏之后，能继续更加强大也更加坚韧的力量。

反思一旦步入个体生活，难以名状的痛苦征程也随之开始。虽然个体对于痛苦的承受程度各有不同，如同米兰·昆德拉所言“不能承受的生命之轻和生命之重”①，可是这乃是一种对于生命更为负责的态度。

“指向自我”，主要从改进领导者自我。从问题的产生来说，可能既有自己的原因，也有别人的原因，甚至还有制度的因素。但是，从解决问题的有效性来看，只有指向自我的反思，才是最

---

① 《评米兰昆德拉的“不能承受的生命之轻”》，《中华论坛》2010年7月31日。

持久、最有效的。

电视剧《雍正王朝》中康熙的皇太子允礽的教训以及陈良宇、李大伦等案都很好地说明了反思自己对于一位领导干部成长的重要性。

在电视剧《雍正王朝》里，康熙的皇太子允礽是皇后所生，在他刚出生时皇后就因难产而死。为了让皇后能够死得瞑目，康熙将她唯一的儿子允礽立为太子。但令康熙没有想到的是，康熙本来就年轻，加之身体又好，允礽这个太子一当就是 40 多年。在他 40 多岁时还没有看到继承大统的希望，于是不满和怨言就多了起来。

在后来发生在康熙晚年的夺嫡之争中，允礽几度被废，又几度被重新起用。在每一次被废后，他都将问题归结于外部原因，认为是其他皇子在背后搞阴谋诡计，离间自己和父皇的关系。当然，他的这种分析也有一定的道理。因为，作为太子确实有很多人想除之而后快。但这样一种思考问题的方式，不但无助于实质问题的解决，反而成了问题加剧的因素。因为他并不能控制这些外部因素，能够控制的只是自己的行为。所以直到最后，允礽也没有意识到：真正的问题所在并不是别人的攻击，而是他自己的行为。

（六）克服反思障碍，提高成长速度

现代领导科学认为，出色的领导者是善于反思的领导者。即能够在改造客观世界的同时，也反思自己在工作方法、思想方法和内在价值理念上的缺陷，完成对主观世界的改造，实现内在素养的提升；与此相反，平庸的领导者往往拒绝反思，或不善于反思，即使经验很丰富，也无法获得内心世界的成长。这就是为什么工作经历非常相似的领导者，其领导水平却存在很大差距的根本原因。

在现实生活中，由于人性的缺陷和环境的制约，领导者的自我反思往往存在很多障碍。能否克服这些障碍，将直接决定着领

导者成长的速度和发展的高度。

1. 多从善意角度理解他人对自己的批评

众所周知，领导者在工作岗位上、在不同场合，是处在被助手、群众的掌声和赞誉包围的环境之中，所以即便周围的人都看到了他身上存在着明显的缺陷和错误，也都不提出来。为了克服这一弱点，领导干部就应该多与坦诚的朋友交往，经常听听他们的批评意见；同时，“要保持一种开放的心态，多从善意的角度来理解他人对自己的批评，并将其转化为对自己的反思。”①

2. 要有意识地进行自我分析和自我解剖

在实际工作和生活中，为数不少的领导者都习惯于将事情的成功归结于自己，将过错和问题归结于客观环境和他人。因为这种思维方式和做法，是可以帮助他们逃避失败所带来的内心痛苦的，但却制约了反思和学习的实效性。对此，领导者要特别引起注意，不要低估了这一心理障碍的危害性。即在遇到问题的时候，要少怨天尤人，要少诿过于他人，多从自己的身上找原因。即便在自己身上没有找到明显问题时，也要有意识地进行自我分析和解剖。

3. 仔细回顾问题发生和发展的整个过程

领导干部们不妨回忆一下，当我们在反思工作或做某一件事情时，很容易给问题贴上什么标签，将问题简单地归结为自己的某种思想观念和态度，如“对问题不够重视”、或说明某方面的能力，如“沟通能力”存在不足……这样“一言以蔽之”的概括，无益对问题的恰当解决。所以，“我们在分析问题和总结原因时，应该仔细回顾问题发生和发展的整个过程，仔细地去回味和审视到底是自己的哪些行为、哪些想法导致了问题的产生或者妨碍了问题的解决。”②

---

① 朱兴东：《领导者要善于反思》，《领导干部》2007 年 4 月 18 日。

② 王本举：《内强素质，外树形象》，《仙桃组工》2007 年 5 月 25 日。

（七）“经验 + 反思 = 成长”

《论语·学而》中记载曾子曰：“吾日三省吾身，为人谋而不忠乎？与朋友交而不信乎？传不习乎？”

意思是说：“我每天多次反省自己——替人家谋事是否不够尽心？和朋友交往是否不够诚信？传授的学业是否不曾复习？”这说明了曾子时刻关注“我做了什么”，时刻内省“我应怎样做”。曾子的“三省”说了两个方面。一是修己，一是对人。对人要诚信，诚信是人格光明的表现，不欺人也不欺己。替人谋事要尽心，尽心才能不苟且，不敷衍，这是为人的基本德性。修己不能一时一事，修己要贯穿整个人生，要时时温习旧经验，求取新知识，不能停下来，一停下来，就会僵化。

美国著名哲学家、教育家杜威，他在谈到反省思维时指出：“反省思维和一般所谓的思维具有显著的不同，反省思维包括：引起思维的怀疑、踌躇、困惑和心智上的困难等状态；寻找、搜索和探究的活动，求得解决疑难、处理困惑的实际办法。”① 杜威紧接着郑重其事地强调：有了疑难的状态，也有了先前的经验，能够产生一些联想，思维还未必就是反省的。因为人们可能对所得的观念没有加以充分的批判。他可能是匆匆忙忙地得出结论，而没有对结论的根据作出衡量；他可能是放弃了或过分削减了研究、探索的行动；他可能由于心智的怠惰、麻痹，只采用了第一次出现的“出现”或解决办法，而不肯耐心地寻求某种更为稳妥的方案。只有人们心甘情愿地忍受疑难的困惑，不辞劳苦地进行探究，他才可能有反省的思维。②

如果你是某一教学单位的领导干部，那么，你的研究的阵地

---

① ［美］约翰·杜威著，姜文闵译：《我们怎样思维·经验与教育》，人民教育出版社2005年第2版，第18页。

② ［美］约翰·杜威著，姜文闵译：《我们怎样思维·经验与教育》，人民教育出版社2005年第2版，第21页。

就是学校，研究的主体是教师，研究的目标是学生。因此，要经常反思自己的学习活动和教学研究行为，要经常地问自己："今天我有哪些收获?"、"我们开展的教研活动有效吗?"。在反思中时时内省，时时会有一个新的自我，这样坚持下来就会有新的收获。

活动目标。这次教研活动有两条主线，明线是提高领导干部的听课评课的能力，暗线是提升教研员的教研水平；这次教研活动形式有两条的主线，明线是领导干部进行听课评课的活动，暗线就是引领领导干部如何进行听课评课。

活动方式。反思我们的教研活动，常常是由我们"一锤定音"，忽视了主体的参与。在教学方式、学习方式发生变化的今天，教研工作方式也应当随之发生改变。这次活动，把对话、交流、互动的机制引入教研之后，使培训内容应有针对性、实效性，使培训方式专题化。因此，我们必须直面新课程，站在理论与实践的结合点上，以便重新定位，努力尝试各种教学研究的方式和方法。

网络教研。从这次活动中，我们真切地感受到：思维的碰撞，理念的升华，都是在平等的对话中产生的；同伴的互助、专业的引领，都是在互动交流中实现的，这些学习资源的开发和利用是值得我们认真思考的。鉴于此，新时期的教研工作必须运用现代远程教育手段，充分调动教师的主动性、创造性，搭建问题研究、经验交流、成果分享的平台，开发、建设教育教学资源，让广大教师资源共享，促进专业建设的发展。

正因如此，教育单位领导者对组织教研工作的开展，是十分必要的。我们作为"师者之师"，无论是在学习活动中，还是在教研工作中，都应当不断的反思，使反思行为成为一种自觉行为，使教研工作不断的改进、发展、提高，使我们的教研工作"年年春草绿，年年草不同"。

二、领导者的“行为研究法”

这是领导者结合自身的领导实践进行反复研究的一种方法。

这种研究法的主要特点是：以本单位的自然状态为研究背景，通过参与各种领导实践，达到解决各种领导问题的目的。它不要求领导者在领导工作之外再抽出大量的时间来做研究，而只要求领导者在发现各种问题的同时，设法解决好这些实际问题。解决问题的过程，就是领导者研究的过程。

（一）领导者应以自己的榜样作用影响别人

我国改革开放以来，有一些企业由于领导者的做人有问题，使得内部钩心斗角，离心离德，从而使企业分崩离析；也曾听到某企业在危机四伏之时，领导者振臂一呼而应者云集，上下同心一起闯过了难关。这就是人的原因，人的力量。

1．“上下同欲”的核心是“团结与合作”

要想实现我们伟大的目标和追求，必须靠我们自己的努力和奋斗。那么，怎么才能做到这一点呢？在《孙子兵法·谋攻篇》里有一句话给我们指明了方向，即“上下同欲者胜”。用在现代企业中的解释就是，让企业的员工和老板的观念一致，理念、价值观一致，生活、工作的目标一致。如果能够保持这样的一致，企业就能结合成一个紧密的团队，就可以去冲锋陷阵而不会畏惧危险。

“上下同欲”的核心就是“团结与合作”。只有做到了“团结与合作”，我们才能实现“胜”的目标追求。

“上下同欲”归根结底是企业的经营理念，也是企业文化的统一。不仅是在战场上打胜仗的关键，也是在商场中立于不败之地的制胜法宝。如果企业上下有着一致的价值观念和奋斗目标，那么各种制度的执行也将更加容易，许多时候员工不是被制度束缚，而是自觉地遵守纪律，自觉地去把工作做好；如果能够搞好这种团结与协作，那么也就奠定了企业发展与成功的坚实基础。事实上，为数不少的企事业单位都有自己的发展愿景，为了实现这一愿景，他们所有的行为都必须是规范有序的，都要以严谨的行为规则、为依托。上至总经理、各部门经理、主管，下至公司员工，只要心往一处想，话往一处说，事往一处做，劲往一处使，他们才会离公司的目标和追求将会越来越近，他们的宏伟目标最终也一定会实现。

2. 领导者一切要先从自我的修炼与提高开始

特别是下属在看不到前途和曙光的艰难困苦中，领导者人格的魅力就显得尤为重要了。领导者要想做好管理，就要学会管人先做人，一切要先从自我的修炼与提高开始。

"领导才能"的最佳定义是："领导才能就是影响力。"真正优秀的领导者能通过自己的榜样的作用影响别人，使别人成为追随者，跟他一起干，同时鼓舞下属朝着工作的预定目标迈进，给他们追求成功的力量。

原中国人民解放军的高级将领王近山同志，在抗美援朝时任志愿军第三兵团司令员。在战争过程中他先后负过八次伤，从这些战伤中就足见其勇猛顽强了。

在一次与敌人进行的肉搏战中，王近山抱着敌人一起滚下了悬崖。结果敌人死了，王近山侥幸生还，只是头部受伤。自此，他在部队里有了"王疯子"的绰号。而且，他有着天生的军事才干。在红四方面军当团长时，他的最得意之作，就是率本团全歼敌军一个旅。抗日战争中，王近山得意之作，是在 1942 年的韩略村伏击战中，全歼日军战地观摩团。此役本不关王近山的事，他率团和一些干部去延安，途中发现了战斗的机会，结果一举成功。在大家看过的电视连续剧《亮剑》中，也描绘了这场战斗的情景。毛泽东曾说过："129 师有个王疯子，敢打没有命令的仗，很好！”①

王近山确实是个一听枪声就兴奋，一打起来就不要命的“斗士”。他打仗以凶猛而著称。解放战争中进行定陶战役时，当时六纵是新兵组成的部队，王近山宣称：“六纵是年轻部队，让我们上，打剩一个连，我当连长；打剩一个班，我当班长；都打光了，对得起哺育我们的大别山父老乡亲了。”结果王近山率领六纵队在定陶战役一战成名，使六纵队成为刘邓大军的绝对主力。王近山在指挥作战时，如果没有警卫员跟着管住他，那么他会冲到敌人阵地上去。

领导者必须有勇敢、俭朴、奋斗、任劳任怨和卓越的进取意识。正因为你有着这些方面的优势，才有可能在这个崇尚竞争和拼搏奋斗的社会中确立自己的位置。也就是说，在创业时，要身先士卒，在事业飞黄腾达时，保持“布衣风范”，这是领导者成功的另一要素。俗话说：“火车跑得快，全靠车头带。”领导者就是要起到这个火车头的作用。

据说，世界石油大王洛克菲勒，在外出旅行或洽谈生意时，总是在住宿问题上与宾馆服务员讨价还价，最终选定最便宜的房间住进去。对此，服务员都感到很奇怪，有一次别人问他：“天啊，洛克菲勒先生，你为什么要选择这样的房间呢？你的孩子们每次来我们这里可都是选择最昂贵、最舒适的房间啊！”洛克菲勒平静地回答：“这一点也不奇怪，他们之所以能够这样做，是因为他们的父亲是个百万富翁啊，而我的父亲却不是。”

再如，约旦的总统阿卜杜拉·侯赛因，是由一名普通士兵逐级提升上来的。虽然他身为一国的总统，但他经常独自一人在街上漫步，也会随意敲开一家居民的大门，和既感到惊愕却又满怀喜悦的一家人共进一顿非常简单的午餐或晚餐。

清朝康熙皇帝在告诫雍正时说了一句话：“江山之固，在德

① 赵贼秋：《中国军力，百年亮剑》，《齐鲁周刊》2009年12月31日。

不在险。”康熙不愧为明君，他没有留下什么通鉴或语录之类的东西，但一句话就道出了坐江山、当领导的真谛。著名企业家柳传志说，“从某种程度上讲，做企业就是在做人。”明朝哲学家王阳明先生在给学生杨仕德的信中说：“破山中贼易，破心中贼难”①。这里的“心中贼”，指的就是人所具有的人性弱点。应该说，破除心中贼的过程，实际就是指对自身人格的修炼，提高人格魅力的过程。

“作为领导者，无论官大小，你必须清楚：下属无法信任那些品格有明显瑕疵的领导，更不会长久追随这样的领导。没有下属一起打拼，就算你有全世界最伟大的理想和最完美的计划，也是孤掌难鸣。”②

在现实生活中，一个领导者的言行举止直接关系到一件事情的成败得失，它甚至比一个人的内在品质更容易引起人们的关注。既然你已是个领导者了，就要慎做“性情中人”，不可以放纵自己的情绪。因为，这样长此以往，对事业和人际关系就会产生破坏性的作用。特别是一旦给人留下“不能控制情绪”的印象，是很难得以翻身的。所以，应该审视一下你的性情，如果觉得有问题，那就要尽快改掉。

当然，在“三分管人，七分做人”的过程中，睿智者，也是会出现的。

曾身为香港德隆公司的销售经理阿江，因对商品市场的判断失误，给公司造成了1000万美元的损失。直面如此重大的损失，羞愧的阿江随即向董事长提出辞职，以示谢罪。

对此，我们不禁要问：如果你是德隆公司的董事长，你会如何处理这件事呢？

或许你大度，或许你睿智，但我敢说大多数普通人会火冒三丈，严厉指责阿江的这重大过失，并作出开除阿江的决定。这样

---

① 《王阳明全集·与杨仕德薛尚谦书》
② 李伟：《三分管人，七分做人》，中央编译出版社，2009年3月版。

做有什么好处呢？或许能收到杀一儆百的效果，或许能削弱你心中的忿忿之气，但这样做的结局于事无补，因为损失已成定局，不能挽回。

结果，德隆公司的董事长解世龙把他的辞职信一撕两半，扔进了垃圾桶，并笑着对阿江说："你在开什么玩笑？公司刚刚在你身上花了 1000 万美元的培训费，你不把它挣回来你别想离开！"

阿江听过解世龙的这几句话，大出意外，立即化羞愧为奋发，变压力为动力，在随后的一年时间内，阿江为公司创造了远远多于 1000 万美元的利润。

可见，解世龙是一位睿智的人，面对下属的失误，他既看到了公司的损失，也看到了下属阿江事业发展的潜力。所以，解世龙竭力压住自己的坏情绪，用思想工作来挖掘阿江的潜力。

学会管人先做人，什么时候也不要忘了对问题、对事情，持有自己的独立见解和主张，不可放弃自己的决策权。可往往有的人无视你的存在，总是要你往这边走、往那边去的；他们最常挂在嘴边的是："你应当……"，"你不应该……"。一般人碰到这类要求，通常都很难回绝。但"不要忘了，我们有权决定生活中该做些什么事，不应由别人来代做决定，更不能让别人来左右我们的意志。况且，他人并不见得比我们更了解情况，也不会比我们聪明到哪里去，所以，他们所提出的这类'理所当然'的事就很可能不是我们的最佳抉择。"①

俗话说："至德者不和于俗，成大功者不谋于众。"② 成大事者不谋于众，这是谋事的另一种情况。这一原则通俗地说，就是谋求特别重大的事情，不必与人商量。"因为谋求非常重大事情的人，自己必定有非同一般的眼光、心胸与气度，自己看准了，

---

① 绪宗尧：《不要太理所当然》，《深圳论坛》2008 年 5 月 10 日。

② 《商君列传》第八，"成事者不谋于众"的意思是：要成就大事，不应该去听从身边人的意见或者建议。

去做就是了，如果和别人商量，反倒麻烦。首先，如果别人见识低下，心胸狭小，气度平凡，必定不理解你的想法。七嘴八舌，会动摇你的意志，也会破坏你的信心和情绪。其次，人多口杂，也会出现走漏风声、葬送机会的坏事。”①

秦孝公的商鞅变法就是这样的情景。当时秦孝公支持商鞅改革，秦国的大臣都不太支持。商鞅就对孝公讲一番道理：“对于一般人，事情开始的谋划，和他们谈不拢，只能成功之后和他们共同享乐。讲究崇高道德的人，不附和于俗人，建立大功大业的人，不必和普通人商议。能使国家强盛，旧的章法便可换一换。”②

当时有个叫甘龙的大臣立即反对，他说：“一点也不对，旧法度官吏熟悉，民众习惯，大家一起正好相安无事。”

商鞅回答说：“平庸的人安于现状，平常的读书人局限于自己的见闻，这两种人只能守着现在的摊子，实在不值得跟他们谈现实和他们知识之外的事。有智慧的人可以为国家制订新的法规，平庸的人只能看守现存的局面；贤明的人能更改制度，无能的人只能拘泥于现状。”③ 从商鞅回答的这一段文字可见，委实太狂了点，但确实是既深刻又合实际的，因为他既说出了“成大事者不谋于众”之道理，又合乎实际，所以他在秦国的变法最后成功了。

所以，你的最佳抉择还是应该由自己进行深入分析、思考之后，所做的独立判断来取舍。

（二）自我鉴定一下，你属于哪种类型的领导风格

企业领导风格一般指“习惯化”的领导方式所表现出的种种

---

① 武军：《别掉进忧虑的陷阱》，陕西师范大学出版社2005年10月版，第26页。

② 萧亚军：《成大事者不谋于众》，《全刊杂志赏析》，2006年3月。

③ 《商君列传》

特点。

其实，“习惯化”的领导方式是在长期的个人经历、领导实践中逐步形成的，并在领导实践中自觉或不自觉地稳定起作用。一句话，它具有较强的领导个性化色彩。因此，每一位领导者都有其与自己的工作环境、经历和个性相联系的、并与其他领导者相区别的领导风格。可以说，如果掌握了多种领导风格，往往会营造出最好的工作氛围并取得最好的绩效。

1. “远见型”的领导风格

远见型领导风格要求领导者，动员组织成员为一个共同的战略目标而共同努力。同时，领导者为每一位组织成员具体采用什么样的方法和手段来实现目标留下了充分的余地。也就是说，在确定完成工作和任务的计划、方法、技术和途径上，员工都有相当的选择机会。

远见型领导者会说明团队前进的目标，但不会限定达到目标的方式，从而让其成员自由地去创新、实践、承担计划中的风险。

芬兰的诺基亚公司在移动电话市均的占布率为38%，约是其他四大竞争对手的总和。1990年以前的芬兰诺基亚公司，主营业务有两块：一块是木材加工，另一块是橡胶制品的生产。芬兰位于北欧，只有500万人口，本国市场很小，几十年来，诺基亚主要是为前苏联提供橡胶制品。由于市场稳定，所以生产和生活都很好。但是，90年代，苏联解体以后，诺基亚原有的市场突然没有了，企业面临着生存的严重问题。新任董事长奥利拉上任后经过调查，作出了正确的决策，迅速出售掉部分木材加工、橡胶制品和电视机生产企业，集中精力做通信产业。到现在，诺基亚已经是世界排名第一的移动通信供应商了，致力于向全世界的用户提供品质优异，简单易用、安全可靠的移动电话产品及多媒体、通信网络和企业级的解决方案。

俗话说“强将手下无弱兵”，而要做到这一点，作为企业的领导者，必须要远见卓识。比尔·盖茨也告诫我们："我的成功大部分应归功于我能够关注长远的目标，而不受一些眼前利益的干扰。"

通过研究，我们了解到企业发展不够顺利的原因，是与企业领导者的眼界关系非常密切。一般说来，领导人越有远见，企业的发展就越有潜能，恰如人们常说的，"人无远虑，必有近忧"。对于企业来说，在关注眼前利益的同时，就要追求以后的盈利，甚至整时赢利。所谓"整时"，它是一个相对的概念。相对于一天，一个月就是整时；相对于一个月，一年就是整时；相对于一年，五年、十年就是整时。我们可以列出一个公式：整时赢利 = 当时赢利 + 未来赢利，当时赢利只是整时赢利的一部分，并且是很小一部分。可以说，整时的赢利是长期赢利，没有哪个企业希望很快倒闭，对它们来说，只有长期赢利才能获得最大的利益。所以，每一个企业都要提前做好整时赢利准备，都应该一边追求今天的赢利，一边为明天、后天以及未来赢利做些准备。

2. "关系型"的领导风格

这种领导风格以人为中心，强调团队合作的重要性，并通过让人们彼此联系来营造团队中的和谐气氛。领导者十分关注员工的需求是否得到满足。戈尔曼认为，在试图增加一个组织中的团队和谐、提振士气、加强沟通或修复受损的信任时，这种方法尤其有价值。但他警告说这种方法不能单独使用，因为它注重对群体的褒扬，可能会致使表现不好的情况得不到纠正。他写道，员工可能会认为平庸是可以容忍的。①

每个人都有独立的思想，往往很难得到统一，一旦将多种思维归集在一起发挥作用时，其巨大的能量无可估量；保持一致的思维融入到一个团队当中，团队不会出现导向性的错误，却更会魅力无穷。

---

① 《如何培养领导风格》，《经理人》2009 年 5 月 31 日。

对此就像那个动物拉车的故事一样：梭子鱼、虾和天鹅三个不知什么时候成了好朋友。一天，他们同时发现了一辆车，车上有许多好吃的东西，于是就想把车子从路上拖下来，三个家伙一齐负起沉重的担子，他们铆足了狠劲，身上青筋暴露，用出了平身的力气，可是，无论他们怎样拖呀、拉呀、推呀，小车还是一步也动不了。

原来，天鹅使的是往天上提的劲，虾一步步向后倒拖，梭子鱼又朝着池塘拉去，究竟谁对谁错？反正，他们都使劲了。这个故事告诉我们，一个企业的营销团队有不同才能的人，他们都有为企业奉贤的精神，但是如果企业没有将他们的才能用到一处，使企业的营销力量形成合力，那么，最后埋怨谁都是无济于事的，企业的不景气也就指日可待了。

3. “民主型”的领导风格

民主型领导方式的中心，就在于通过组织成员的共同参与而达成一致的意见。即通过集体讨论，领导者使团队成员对工作和任务有更全面、更深刻的认识，并就此提出更为切实可行的计划和方案。

在这种领导风格下，领导者将下属视为与己平等的人，给予他们足够的尊重，善于倾听别人的意见；重要决策主要由组织成员集体讨论、共同决定，领导者主要采取鼓励与协助的态度，并要求下属员工积极参与决策；即使是由领导者单独决策，他也会把别人的意见考虑进去。

某中学的年级组长、教研室主任会议将在 5 分钟后开始。李校长在会议室内的一角，正热心地与参加会议的各位教研室主任交谈。四点零三分，校长看了一下室内说：“我们再等周老师一会儿，我是知道他对这个议题很有兴趣的。”四点零八分，李校长建议会议开始。参会人员随便围成一个圆圈坐着。王校长说：“我希望了解各位对教委关于学校内部管理体制改革的试点计划的看法，我们学校是否试点，有什么意见。”大多数与会者都发表了很好的意见。大家都同意学校试点，并提了改革试点的建议。李校长正要说话，周老师进来说："抱歉，迟到了。我因与家长谈话，多用了一些时间。""没关系。倒杯茶，拉把椅子来坐，我们告诉你刚才谈了些什么"校长说。周老师坐好了，会议开始讨论校长提出的问题："我们如何拟订学校的改革计划"。

4. "教练型"的领导风格

我认为，领导不是权力，领导也不是更高的职位，领导是一种关系。而最能反映和表达这种领导理念的则是"教练式领导"。教练型领导会帮助员工们确定自身的优点和弱点，并且将这些与他们的个人志向和职业上的进取心联系起来。

应该说，教练的过程是一个持续沟通的过程，因为没有沟通也就谈不上教练。有的经理人认为自己是领导，他总是习惯下属过来主动汇报，在正常工作的过程中这当然是必需的；但在教练下属的时候，经理人应该颠倒过来，自己主动地关心下属、主动与下属沟通，了解下属想要什么，以及需要些什么，并以谈话沟通的形式促成职工主动改变心态，关注自己的业绩和成长。

每当年终之时，宝洁公司对每一位经理的年度绩效考核中，有一项特定的内容必须填写："请列出在过去一年中你对公司的贡献"。这个项目主要是填写在过去一年中，对自己管辖员工职业素养提升方面所做的工作和贡献，这项工作占年度绩效评价的50%。如果此格是空的，这位经理人的升职基本上是不可能的。而且，在每年年底的晋升评比中，每一位经理必须提出本部门建议晋升的员工，并且需要对其他部门经理介绍这位员工的业绩。如果自己亲自培养的下属能够得到晋升，那将是每一位经理人最感自豪和光荣的事情。

（三）在实际工作中，如何才能提升你的领导力

何谓"执行力"？"执行力"就是"按质按量按时完成自己

的工作”，要做的事情复杂程度不同，需要的做事情能力也不同。个人执行力整体上表现为“执行并完成任务”的能力，企业中不同的人要完成不同的任务，则需要不同的具体能力，相对于执行层主管来说应该是“做事情正确”，相对于操作层员工定位来说，又应该是“做正确的事情”。

其实，每一个企事业单位的领导者，都希望在自己的组织中营造一种适宜的氛围，使整个团队从上至下，每个成员积极地愉快地尽心尽力地工作，促使企事业的工作蓬勃向前发展。然而，在现实的环境中似乎很难，这不是仅仅依靠严格的管理制度就能解决的。因为，人的心态是变化的、市场的环境是动态的，以不变的制度应万变，显然会力不从心。而要解决这一难题，就需要领导者有很强的个人魅力和处事应变的能力。

那么，如何提升领导者的领导力，从而带动整个企事业快速而和谐的发展，应该从以下几个方面去思考：

1. 计划在先，事倍功半

从事任何工作、执行任何任务都必须制定计划，并将各项任务分出轻、重、缓、急，然后安排每一天、每一周、每个月具体做什么。“在计划的实施及检讨时，要预先掌握关键性问题，不能因琐碎的工作，而影响了应该做的重要工作。要清楚做好20%的重要工作，等于创造80%的业绩。”① 你若是一个中层干部，首先就要清楚上司希望你怎么做，然后以此为目标来把握做事的方向，千万不要一知半解就开始埋头苦干，结果是事倍功半，甚至前功尽弃。

春雨刚刚过后，一夜之间所有的树都抽出了嫩芽，整个世界充满了无限的生机。此时，汪萌的心情就像这个世界，充满了希望。昨天，她被正式任命为公司企划部的经理。

俗话说：“新官上任三把火”，汪萌上任的第一把火，那就是

① 雷孟革：《企业门诊：如何将订单准交率提高50%》，《江门日报》2010年9月10日。

要策划一个全国性的巡回展销会，对此她做了详细的调查与分析，并提交了一份完整的报告，高层经过研讨，表示同意她的策划。随即，她招集策划部部门会议，把各项工作分配了下去。结果负责宣传工作的小张事事请教于她；而负责展台搭建设计的小朱则刚好相反，很多该与她沟通的环节都没有沟通，造成了很多不必要的损失；负责客户联络的小郭仅仅联系了70%的客户，30%的客户由于种种原因没有联系……一个月下来，汪萌心力交瘁。其因是，自己做了很多下属的工作还不说，整体工作仍然处于一塌糊涂的状态。

到年终了，汪萌看着自己总结的几种情况，发现表面上是员工执行不力，但究其源头，竟是自己的执行力出现了问题。而这些问题看似简单，却大大降低了整体工作的效率，长期下去，会在组织内部形成人浮于事的不良工作风气。汪萌认识到问题的严重性后，花了两个晚上时间整理思路，给自己制定了工作计划与要求。

2. 深入一线，指挥攻关

企业领导者对企业的发展战略要有清晰的理念，对企业的未来有必胜的信心。有时企业就像一支即将投入战斗的部队，最高指挥员的信念会直接影响士兵的战斗力和士气。指挥部属，首先要考量工作分配，要检测部属与工作的对应关系。“同时，也要考虑指挥的方式，不同的人需要不同的指挥方式，这就需要领导者了解自己的部属，包括他们的性格气质、工作方式甚至生活背景。”①

优秀的指挥员不仅可以激发部属的意愿，而且能够提升其责任感与使命感。即在战斗最艰苦的时刻，有时需要指挥员（领导者）亲自冲锋陷阵，才能大大提升士气甚至扭转战局。倘若遇到技术难题的时候，领导干部要协同技术人员一起攻关；遇到产品

---

① 仁达方略：《执行乏力，谁之过》，《财富时报》2005年9月30日。

交货期限吃紧的时候，要陪同工人一起加班加点，这些都是提升企事业凝聚力和战斗力不可忽视的方面。

3. 授权有方，延伸载体

任何人的能力都是有限的，作为高级主管不能像业务员那样事事亲力亲为，而要明确自己的职责就是培养下属共同成长，给自己机会，更要为下属的成长创造机会。“部属是自己的一面镜子，也是延伸自己智力和能力的载体，要赋予下属责、权、利，下属才会有做事的责任感和成就感，成就下属，就是成就自己。”① 作为领导者要清楚，一个部门的人琢磨事，肯定胜过自己一个脑袋琢磨事，这样下属得到了激励，你自己又可以放开手脚做重要的事情，对此你何乐而不为呢。

4. 洞察先机，未雨绸缪

俗话说：“凡事预则立，不预则废”。科学的预见，不仅需要具备丰富的阅历、渊博的学识，而且要有超凡的洞察力和分析判断能力。我们的企事业领导者，应该经常思考多种发展的可能，并且通过沟通和教育，变为大家的共同愿景。实践表明，只有企业员工对共同愿景有了认同感，才能使愿景真正化为企事业单位的共同行动。而企事业目标变为大家的共同行动，“判断对于一个主管来说非常重要，企业经营错综复杂，常常需要主管去了解事情的来龙去脉、因果关系，从而找到问题的真正症结所在，并提出解决方案。这就要求洞察先机，未雨绸缪。要清楚这样才能化危机为转机，最后变成良机。”②

伴随着3C和IT产业的不断融合与发展，电脑电视化、电视电脑化的趋向愈来愈明显，消费者对高清电脑的需求也日益增长。凭借着对消费者需求的精准把握，早在2007年，海尔电脑就将高清电脑的研发纳入到战略规划之中，开始积极地探索IT

---

① 麦思德企业研究中心：《如何提升主管的执行力》，2010年4月29。

② 雷孟革：《企业门诊：如何将订单准交率提高50%》，《江门日报》2010年9月10日。

产品的高清发展，联合海尔中央研究院，并与全球技术大鳄英特尔成立创新产品研发中心，携手全球视觉计算技术行业领袖NVIDIA成立“海尔 &NVIDIA 数字高清实验室”，打造出强大的高清产业链联盟，成为IT领域快速走上高清之路的第一人，并率先提出业内第一个高清解决方案：不伤眼睛的升级技术的8代顶级高清润眼屏、高清动力源处理器及具有高清HDMI接口的高清显卡芯。

在这一解决方案的指引下，2007年海尔电脑依靠英特尔、微软等IT巨头的鼎力支持，率先推出了国内首款“四核高清润眼电脑”轰天雷，站到了IT潮流的最前沿；2008年1月，海尔又首推高清润眼屏无亮点锐志T68笔记本，占位高清电脑笔记本市场，积累了较好的移动高清产品和技术基础。伴随着高清产业链技术的逐渐成熟，英特尔推出最新45纳米技术的英特尔®酷睿™2四核处理器QX9300的全球首款海尔数字高清娱乐中心——宝蓝V9。由此宣告了整个高清产业链的完美融合，带给消费者真正的全高清享受；而高清新极光润眼电脑的推出，更助力其领跑高清PC全面普及。

2008年5月，联想等几大国产电脑厂商纷纷推出3C化的高清笔记本电脑，以此举开创笔记本电脑的个性化未来。此次，各厂商纷纷进入高清通道就证明了“电脑高清拓荒者”海尔的选择的正确性。同时也说明了，海尔电脑未雨绸缪的技术储备和先导性研究思想及快速洞察消费先机的能力，率先推出行业内的高清产品，开创了高清产业的先河，领航高清产业发展。

5. 唯有创新，才能生存

创新是衡量一个人、一个企业是否有核心竞争能力的重要标志，要提高执行力，更重要的还要有强烈的创新意识。而要树立强烈的创新意识，“这就需要不断地学习，而这种学习与大学那种单纯以掌握知识为主的学习是很不一样的，它要求大家把工作的过程本身当作一个系统的学习过程，不断地从工作中发现问题、研究问题、解决问题。解决问题的过程，也就是向创新迈进的过程。”① 所以，我们做任何一件事都要认真地思考一下，有没有创新的方法能够使执行的力度更大、速度更快、效果更好。同时，更要清楚创新无极限，唯有创新，才能生存。

（四）做勤于发现和善于解决问题的领导

善于发现问题、分析问题和解决问题，是领导干部必须具备的基本素质，反映着一个领导干部的精神状态、思想境界，体现着领导干部的执政能力和执政水平，是每一位领导干部都必须正视和解答的现实课题。

党的十七大报告指出：“在看到成绩的同时，也要清醒认识到，我们的工作与人民的期待还有不小差距，前进中还面临不少困难和问题”②。这些问题归纳起来可大致分为三类：一是科学发展所面临的问题，主要包括人与自然、发展环境、发展方式和发展不平衡等问题；二是和谐社会建设所面临的问题，主要包括劳动就业、社会保障、收入分配、教育卫生、居民住房、安全生产、司法和社会治安以及思想道德建设等方面的问题；三是党的建设所面临的问题，主要包括执政能力建设、作风建设、组织建设和廉政建设等方面的问题。③ 所有这些问题，因时、因地、因人而千变万化，迫切要求每一位领导干部勤于发现和善于解决。

1．发现问题是基础，是解决问题、化解矛盾的根本前提

对于解决的问题，首先就必须及时发现全局性、本质性和潜在性的问题。

第一，要在深入调查研究基础上发现问题。一般来说，问题

---

① 《中国企业如何提高中层管理者的执行力》，《人力资源》2006 年 11 月 1 日。

② 《胡锦涛在中国共产党第十七次代表大会上的报告》，2007 年 10 月 24 日，新华社。

③ 何华东：《领导干部要勤于发现问题和善于解决问题》，《人民网》2008 年 4 月 2 日。

是发生在群众之中的，所以解决问题也要依靠群众的智慧，因此领导干部要经常深入到群众中去，听到、看到群众说出的真话实情。

第二，要在推进改革开放中发现问题。可以说，新时期最鲜明的特点是改革开放。因循守旧、闭关自守是发现不了问题的，只有与时俱进、开拓创新才能发现伪命题。

第三，要在“广开言路”的过程中发现问题。即真心实意地调动干群进谏言过，对各种意见要，洗耳恭听，对敢于直言的同志要鼓励表扬。特别要畅通社情民意的反映渠道，认真对待群众的来信来访，从群众的情况反映、来信来访中发现问题。

第四，要在增强忧患的意识中发现问题。居安思危，方能提前发现问题。领导干部要善于用辩证的方法，分析事物发生和发展的趋势，并找到问题产生的根源。既要对现实问题做出清醒的、理性的分析和判断，也要对未来进行科学的、合理的洞察和预测，从而尽早发现前进中的问题。

著名的相对论创立者爱因斯坦说过，“提出一个问题比解决一个问题更重要，因为解决问题也许是一个数学上或实验上的技能而已，而提出新的问题、新的理论从新的角度去看旧的问题，却需要创造性地想像力，而且标志着科学的真正进步”。

美国福特汽车公司有一台大型的电动机，有一天这台电动机出现了问题，于是工厂请了很多专家进行会诊，经过几天的抢修没有发现问题在哪儿，为此公司老板非常着急。于是，公司又请来了当时美国有名的电器大师梅因斯泰，梅仔细地观察了一番后，在电机的线圈上画了一个圈，随即对旁边的人说将这部分的线圈剪下 3 圈，助手照他的办法做完后果然电机运转正常了。事后，他要了公司老板 1 万美元的酬劳，当时别人不服气地说，画一个圈就值 1 万美元？梅因斯泰说，将有问题的地方去掉，我收你 1 美元，而知道将这个圈画在什么地方，我要 9999 美元。

这件事情说明了一个道理：发现问题比能够解决问题更重要。近年，我国山西溃坝事件如果矿方及时发现险情，采取排险措施，就不会发生如此悲剧（死亡 240 多人）；三鹿集团如果发现三聚氰胺问题的严重性（欧美国家 2005 年就发现了三聚氰胺对动物泌尿系统的严重危害），也就不会导致全国数千名婴幼儿患病、死亡 3 人，几十亿元无形资产荡然无存。所以说，发现问题是基础，是解决问题、化解矛盾的根本前提。要解决问题，首先就必须及时发现问题。

2. 分析问题是关键，是认清实质、科学决策的唯一途径

发现问题只是第一步，怎样分析和思考问题、形成科学决策，才是领导水平的直接体现。

第一，分析和研究问题必须要有扎实理论基础。要注重加强理论知识、法律法规和政策的学习，只有理论基础扎实了，各方面知识充实了，看问题才能站得高、看得远，分析问题才会更透彻、更深刻，才能理清思路，才能把握问题的主流和本质。①

第二，分析和研究问题必须坚定地站在群众的立场上。要牢固树立“以人民群众为本”的取向，坚持群众作为整体永远是正确的，群众工作永不过时、永无止境，群众利益高于一切等理念，面对面、心连心、实打实地做好群众工作，永远保证工作的正确方向。②

第三，要抓住热点、难点、重点来分析和研究问题。即要准确地认识主要问题，抓住主要的矛盾，做到纲举目张，致力于关注群众反映、社会关注的热点问题，致力于剖析长期困扰、制约发展和稳定的深层次问题。

第四，要通过不断解放思想来分析和研究问题。时代在发展，形势在变化，问题也层出不穷。因此，必须保持思想上敏锐性，坚持解放思想、与时俱进，始终以创新精神发现新情况，以

---

① 杨国宏：《努力提高发现问题、分析问题和解决问题能力》，《宜章新闻网》2009 年 1 月 13 日。

② 王清东：《领导干部要善于发现问题、分析问题和解决问题》，《烟台日报》2008 年 7 月 14 日。

全新思维研究新特点，以开阔视野探索新途径，以创新方法解决新问题。

3. 解决问题是目的，是推动工作、促进发展的基本要求

第一，抓苗头，努力把问题消除在萌芽状态。领导干部要善于从苗头上解决问题。对出现的倾向性和潜在性的问题，要早察觉、早发现，及时把握事态发展的动态，做出及时准确的判断，适时拿出解决问题、化解矛盾的有效措施和方法，避免事态的扩大和激化。尤其是安全生产工作，必须防患于未然，把工作做在前面。

第二，抓处理，因事施策解决实际问题。要在准确把握问题实情的基础上，区分不同情况，有针对性地研究解决措施。对涉及全局性的重大事项以及关系人民群众切身利益的重要问题，要集体决策，集中方方面面的智慧；对棘手疑难问题，要迎难而上，用心研究解决方法；对人民群众普遍关注和反映强烈的热点、难点问题，要坚持群众利益至上原则，在政策允许的范围内，能解决的尽量解决，不尽合理的要讲明情况，理顺群众情绪，化解各种矛盾。

第三，抓根本，切实减少问题产生的根源。必须“坚持发展才是硬道理、发展才是解决问题的根本出路的思想，坚定不移地抓好经济建设，不断提高经济实力和人民群众生活水平，这是解决所有问题的根本之策。”[①] 同时，要突出抓好班子队伍建设，坚持抓班子就是抓发展、抓稳定，从源头上解决发展和稳定的问题。

现实生活中遇到问题推、拖、闪的现象不少。问题有多种，有些问题一时半晌难以解决，应当把原因向群众说清楚；而有些问题并不难解决甚至是举手之劳，也不给解决，究其原因，“非不能也，是不为也”。

---

① 杨国宏：《努力提高发现问题、分析问题和解决问题能力》，《宜章新闻网》2009 年 1 月 13 日。

有调查显示，在群众上访的问题上，80%以上有道理应予解决；80%以上可以通过各级党委、政府的努力加以解决；80%以上是基层应该解决也可以解决的。这几个80%说明：同人民群众利益密切相关的许多问题不仅是应该解决的，也是能够解决的，关键是我们要有为群众排忧解难的公仆意识。

当然，也有一些问题解决起来不那么容易，需要费点劲。但是领导干部的作风是在解决问题中转变的，境界是在解决问题中升华的，威信是在解决问题中提高的。

一个领导干部，如果既不深入群众又不研究和解决问题，遇到矛盾绕开走，这样的干部就不是群众喜爱的好干部。①

总之，在建设中国特色社会主义的伟大历史进程中，每一位领导干部都要勤于发现问题和善于解决问题。实践无止境，创新永无止境，发现问题和解决问题也无止境。

三、领导者的“经验总结法”

这是领导者针对别人或自己的经验教训，通过分析、概括和提炼，使之上升到理论的高度，从而发现具有普遍指导意义的领导规律的一种研究方法。

领导者在进行经验总结时，一定要注重平时积累，没有积累就没有总结。同时还要抓住提炼这个关键，透过现象抓本质，透过局部看整体，从偶然中看必然，从中找到规律性的东西，得出具有普遍意义的结论。如不认真抓提炼，经验总结就没有多大实际意义。

① 郝斌生：《善于解决问题的干部才是好干部》，《党员文摘》2007年第8期。

（一）领导和责任是密不可分的

《中共中央关于加强和改进党的作风建设的决定》要求着力解决领导作风问题。领导作风的内容很多，敢于负责是其中的重要一项。敢于负责，就是工作要大胆，出了问题不要上推下卸。

在蜀国的中前期，楚蜀一带有很多优秀的人才在刘备的政权中任职，问题在于刘备死后未能得到诸葛亮的重用，没有更好地发挥他们的作用。魏延就是其中的代表人物之一。事实上，魏延跟随刘备屡建战功，既有同曹操多年作战的实战经验，又很有谋略，是一个难得的军事人才，所以刘备很器重他。在刘备称汉中王迁成都时，破格提拔委延为“督汉中镇远将军，领汉中太守”，对更好地发挥他的才干起了很好的作用。实践证明刘备的做法是正确的。

但是，刘备死后，在诸葛亮苦心经营的北伐中，魏延受到了诸葛亮的压制，这主要表现为对魏延出奇兵攻打长安的建议不予理睬，也不让他当先锋。魏延因一再受到压抑，报效无门，不禁发出“叹恨己才用之不尽”的怨言。诸葛亮不用既有实战经验又有谋略的魏延，反而“违众拔谡”，即派只会夸夸其谈、缺乏实战经验的马谡当了先锋，结果马谡一遇强敌便慌了手脚，以痛失街亭的失败而告终。但诸葛亮对此，并没有采取推卸责任的态度。

作为领导者的基本职责，我们可以归纳为三个方面，即出主意、用干部、抓落实。“做好这三件事儿的一个重要方面，就是要敢于负责、敢于担当。但要做一名优秀的领导干部，仅此还不够，还要善于负责。敢于负责是合格领导者的基本素质，而善于负责是一种必要的自我保护。”①

在领导作风问题方面，有些领导干部对工作中出现的问题，

---

① 蒋勋功：《领导者既要敢于负责又要善于负责》，《领导科学》2009年第28期。

不敢把自己摆进去。即不是认真总结经验教训，而是上推下卸。在已出现的问题面前，既埋怨上级的指示不具体，又指责下级的干部和群众不听指挥。那么，他担什么领导责任呢？这么一“推”一“卸”的结果，好像“一干二净”了。事实上，“身为领导而又不愿负责任，这无疑是一种渎职行为。我们不是常常把‘领导同志’叫做‘负责同志’吗？为什么两者并称？因为领导者就是负责者，领导和责任是密不可分的，要领导就要负责任，不负责任的领导就不能称其为领导。”①

一个忠于职守的、坦诚的领导者，在工作出现了问题之后，必然会采取实事求是的态度，认真地、彻底地去检查自己应负的责任，总结经验教训。在我国的各级领导干部中，这样的同志是很多的，他们切实检查出使自己省悟、别人信服的原因和责任来，由此而受到了广大干部群众的尊敬、谅解和支持。犯点错误并不可怕，可怕的是不能从错误中认识到错误，以及从中得到启示和教训。

作为一级领导干部，如果工作出了问题老是上推下卸，那么上行下效，自己的下级照样可以把问题的责任推上来（推到你的身上），卸下去。此风一起，何以加强事业心和责任心？怎能有高效率的工作，自己又怎样自处于干部和群众之中？要看到，“一个领导者有没有威信，下级和群众不仅要看你说些什么，做些什么，还往往看你在问题和责任面前究竟采取何种态度。上推下卸，只能是把自己的威信‘推’掉了，把自己说话的分量‘卸’没了。”②

当前各地改革发展的任务非常繁重，如何确保国民经济又好又快地发展，如何真正有效地落实科学发展观等，都是需要从实践中不断摸索和创新的重大战略课题。对此，“现成的经验和本本上不可能找到完整的答案。但是，只要各级领导干部善于在解

① 舜理：《领导者要敢于负责》，《互联网》2005年9月13日。

② 舜理：《领导者要敢于负责》，《互联网》2005年9月13日。

放思想中真抓实干、破解难题，坚持用创新的思路和办法去应对和化解各种矛盾，‘逢山开路，遇水架桥’，就一定能闯出一片新天地。”①

（二）“君子用人如器，各取所长”

《资治通鉴·唐纪》记载：太宗令封德彝举贤，久无所举，诘之。对曰：“非臣不尽心，但于今未有奇才耳。”太宗曰：“君子用人如器，各取所长，古之致治者，岂借才于异代乎？”② 这几句话，不仅直对封德彝的要害之处，使他无言以答，而且其中还有一条重要的用人原则，那就是“君子用人如器”。

1. “合适的人在车上，不合适的人可以下车”

在商界，企业首先是要招聘和留住合适的人选，然后再决定企业的发展方向和战略。用这些公司的话说：“看，我真的不清楚应将这辆车开向何处。但是有一点毋庸置疑：如果我们有合适的人在车上，并各就各位，而不合适的人可以下车。然后我们就可以决定如何将它开向某个卓越之地。”③ 衡量某人是否是“合适人选”，主要看内在性格特征和天赋能力，而不是专门知识、背景和实际技能。

公司招聘员工面试时，通常会问应聘者下面几类问题，以考察应聘者的综合素质是否符合某一公司文化，是否是该公司所需要的人才：

（1）请你举一个具体的例子，说明你是如何设定一个目标的然后如何达到这一目标？此问题，是考核应聘者对实现目标的结景导向

---

① 慎海雄：《领导干部必须具备敢于负责的精神》，《瞭望新闻周刊》2008 年 1 月 21 日。

② 玉琢：《用人如器取所长——由电视剧〈历史的天空”所想〉》，《河南日报》2010 年 8 月 31 日。

③ 《领导者的用人方法》，《企业管理文摘》，2008 年 11 月 24 日。

（2）请举一个例子，来说明你在一项团队活动中如何采取主动性，并且起到领导者作用的，最终获得你所希望的结果？此问题，是考核应聘者的领导能力。

（3）请你能够描述一种情形，在这种情形中你必须去寻找相关的信息，发现关键的问题并且自己决定依照一些步骤来获得期望的结果？此问题，是考核应聘者组织实际问题的能力。

（4）请你举一个例子，以此说明你是怎样通过事实来履行你对他人的承诺的？此问题，是考核应聘者的诚信如何，以及对工作的责任感。

（5）请你举一个例子，说明在完成一项重要任务的时候，你是怎样与他人进行有效合作的？此问题，是考核应聘者的团队合作意识怎样。

（6）请你举一个例子，说明你的一个有创意的建议曾经对一项计划的成功起到了什么作用？此问题，是考核应聘者的创新意识和创新能力。

（7）请你举一个具体的例子，说明你是怎样对你所处的环境进行一个评估的，并且能将注意力集中于最重要的事情上来，以便获得你所期望的结果？此问题，是考核应聘者在关键时刻的掌握能力如何。

（8）请你举一个具体的例子，说明你是怎样学习一门技术并且怎样把它用于实际工作中的？此问题，是考核就聘者学习意识和学习能力。①

2. 用其所长，各得其所

古人云："金无足赤，人无完人"。如果大家以挑剔的目光、拿着放大镜找问题，可以说经得起检验的人未必很多；如果当领导的能够着眼于人的优点和长处，就能发现人才，用好人才，留住人才。只有用其所长，各得其所，大家才能心情舒畅。

① 宋振杰：《领导者的用人方法》，《企业管理文摘》2008年11月24日。

作为领导者必须知道“用人所长”的前提，即在日常工作中注意观察和发现下属的长处。

事实上，每个人的能力都呈现出不平衡的倾向，所以应该优先在人才擅长的领域内配置相应的岗位。

在美国南北战争的初期，林肯大胆任用英勇善战但被人称为“酒鬼”的格兰特为北军司令。

面对队伍里连续不断地指向格兰特的种种非议和诽谤，林肯总是给格兰特以最大的信任和支持。也正是对格兰特的起用，成了南北战争中北军取得胜利的转折点。林肯重用格兰特，至少有三点值得我们学习和借鉴：

一是，林肯慧眼识珠。除了一纸西点军校的文凭，格兰特身上似乎没有什么亮点了。而他在做士兵时就因酗酒被开除留下的污点，成了众人非议的靶子。南北战争改变了格兰特的命运，而林肯的慧眼识珠则造就了格兰特。在硝烟弥漫的战场上去鉴别人才，正是林肯作为伟大领袖的高明之处。

二是，林肯用人所长。按正常人的思维，让一个贪杯的人成为一个统率千军万马的将军是根本不可能的。格兰特尽管背着“酒鬼”的骂名，但他具备一个将领最重要的素质，那就是浑身是胆、运筹帷幄、敢于打仗、善于打胜仗。受命于危难之际的格兰特，并没有让林肯失望，他在扭转战局的同时也扭转了美国的历史，却没有一次因为酗酒而误事的。

三是，林肯坚决支持。在 1862 年的夏伊洛战役中，格兰特的部队虽然取得了重大胜利，但也付出了惨重的伤亡。这时，有人说格兰特当时喝醉了，因而被打了个措手不及，并为此强烈要求撤换格兰特。对此，林肯当时幽默地说：“我要送一些格兰特将军爱喝的酒，给那些没有打过胜仗的将军们看看，好让他们也像格兰特一样打几场胜仗。”田纳西战斗中北军伤亡巨大，此时格兰特在战场上醉酒的谣言又起，直面对解除格兰特职务的呼声，林肯坚定地说：“我不能放弃这个人，因为他英勇善战，不找任何借口。”在进攻里士满的战斗中，格兰特部队死伤 1.3 万多人，这又引起了轩然的大波，人们再次要求林肯总统撤换格兰特。林肯又以鲜明的立场表明了自己的态度：“我少不了这个人，他能打仗！”

3. 既会用人所长，又会用人所短

清代思想家魏源指出，“不知人之短，不知人之长，不知人长中之短，不知人短中之长，则不可以用人，不可以教人。”在领导实践中，善于用人之长，很多管理者能够做到，但善于用人之短，则既需要勇气又需要智慧。“完美的理想人才是不存在的，用人的关键是包容、组合和互补，既会用人所长，又会用人所短。清代杨时斋将军让聋子当勤务员，让哑巴送密信，让瘸子守炮台，让瞎子伏阵前的故事，就说明了巧用人短、贵在组合的问题。”① 这一说法虽然有些夸张，但说明了任何人的短处之中必定蕴藏着有用的长处。

人才之短长，是一个共生体，互为依存、转化。有的人很有主见，独立性强，但往往容易固执己见，主观臆断；有的人很随和，与同事相处很融洽，但常常又表现为处理问题欠果断，原则性差等等。用人倘若都把眼光定得过高，反而会埋没人才。事业的发展，也需要许多有一技之长的人。“大石头离开小石头砌不成墙”，光有“大才”没有“小才”，事业也不能发展，况且，有时候“大才”不一定办得了“小才”的事儿。

《贞观政要》记载有唐太宗李世民的短中见长之术。李世民说：“名主之任人，如巧匠之制木。直者以为辕，曲者以为轮，长者以为栋梁，短者以为拱角，无曲直长短，各种所施，明主之任人由是也。智者取其谋，愚者取其力，勇者取其威，慎者取其慎，无智愚勇慎兼而用之，故良将无弃才，名主无弃士”② 总是

① 《领导者的用人方法：让团队中每个人都成为千里马》，《价值中国》2008 年 3 月 3 日。

② 许华港：《读“帝范”之“治乱之源”》，《管理通讯》2009 年 11 月 15 日。

遵循，“贤者居上，能者居中，庸者居下，智者居侧”的原则，让各色人等互补共赢。

须知，使用人才，有个“发掘”的任务。晶光闪闪的水晶石刚从土里刨出来的时候，是一块黑乎乎的东西，只看表面，肯定会把它当废物扔掉的。俗话说：“真人不露相，露相非真人。有的人真是藏龙卧虎，不显山不露水，最易被人视为无用的人、少才的人。作为用人者，切勿轻易得出结论，说某某无用，某某废物。‘垃圾是放错了位置的宝贝！’以短掩长是用人的大忌。”①

（三）面对失误，领导者如何化被动为主动

在日常工作中，失误在所难免。面对失误，领导者如何化被动为主动，把教训变成财富，成为一个成熟的优秀领导者？

1. 失误要防止失态，及时调整心态

日常工作一旦出现失误，往往使人的正常情绪产生很大的波动。然而，不同的领导者在情绪迁延过程中会有不同的反应：有的心灰意冷，一蹶不振，并对失误的责任上推下卸；有的则深刻反思，及时找出对策加以弥补，并总结教训。对此，我们应提倡后一种健康心理行为，及时调整好心态，不能因为失误而“失态”。面对工作中的失误，领导者如何化被动为主动、把教训变成财富，成为一个成熟的优秀领导者？“失误要防止失态，及时调整心态。一方面要看到失误，在日常工作中是不可避免的，要防止灰心。另一方面要认识到失误是走向成功的铺路石，增强自信心。在失误面前，更能看出一个领导者的心胸、气度和内在的品格。”②

对一个负责安全工作的领导者来说，在失误面前必须具备健康的心理行为，及时调整好心态，不能因为失误而失态，乱了方

---

① 牛洪：《解放军带兵艺术与领导之道》，企业管理出版社 2008 年 3 月版，第 30 页。

② 王敏：《领导者如何面对失误》，《当代广西》2007 年第 13 期。

寸。一是一个优秀的班组长不会没有失误，但他能迅速地纠正失误并能从那些失误中吸取教训，改正自己的工作行为，使之适合于安全生产的规律。二是要把安全工作失误看作是走向安全工作成功的铺路石，增强自信心。《伊索寓言》中有这样一句话："人们的灾祸常成为他的学问"。爱迪生也说过："失败也是我需要的，它和成功一样对我有价值，只有在我知道一切做不好的方法以后，才知道做好一件工作的方法是什么。"因此，在安全工作失误时，要看到失误对成功的意义和作用。三是要把经历失误看成是完善自己人格的试金石。"经过失误的不断磨炼，一个善于学习，勇于进取的班组长就会不断地反思，修正自身各种不正确的安全思想行为，并最终形成个人的高尚人格。"①

2. 掌握失误的要害，切实找准对策

面对已经出现的失误，领导者必须通过切实有效的措施，迅速掌握真实情况。即失误发生后，领导者要迅速组织当事人汇报事情的经过，全面了解各种主客观因素。同时，领导者应该勘查失误的"现场"，以增强感性认识，发现不被下属重视甚至是遗漏的问题，通过询问不放过一个疑点，不忽视每一个细节，最终使领导者对失误做出正确的判断。在此基础上，对现有的材料进行全面的梳理，透过现象看清本质，掌握失误的要害，切实找准对策。

3. 克服短期行为，防止"寅吃卯粮"

面对已经出现的失误，领导者总想尽快把失误造成的损失降低到最低限度，这是可以理解的，但必须克服不良的心理障碍。即有的领导在处理失误时，以行政命令代替一切，而不管采取的措施是否合乎情理，合乎程序和法规；有的领导者面对失误，采取短期行为，而不顾长远利益。表现出"寅吃卯粮"甚或"竭

① 《把失误变成成功的"酵母"》，《中国煤炭论坛》2009 年 7 月 29 日。

泽而渔”；有的领导面对失误，不惜以牺牲大局利益来弥补局部损失。这些行为，领导者都应该坚决克服。

4. 学会总结，找准在解决矛盾中的失误

一个优秀的领导者，往往能在失误中提高自己。一是善于总结，吃一堑，长一智。摔一跤，要回头看一看，弄个明白。要学会总结，在回顾中找准主客观原因，找出事物发展的规律性，以及在解决矛盾过程中的主要做法。

他为什么提交“辞职损失”？不知道为什么，这个车间已经两个月没有完成规定的生产任务了。其实这个车间的工作本来还不错，车间主任也是个很有能力的人。虽然没有完成任务，也有一定的客观原因。但是厂长又想：毕竟没有完成生产任务，对干部还是要求严一点更好。于是，就把这位车间主任找来并进行了严厉的批评。当时还有生产科长和调度员等都在场，厂长却没有顾及这些。

没有想到，过了几天，那位车间主任给厂长送来一份辞职报告。厂长看了非常生气，心想这不是与我对抗吗？于是决定厂领导班子开会，讨论这个车间主任的处分问题。就在这时领导班子成员中有一个人提醒厂长：“你知道吗？他在家里哭了两天，如果再给他处分……”这么一说，这个厂长有所醒悟了，当着那么多人的面那么严厉的批评，是太过分了。这样不仅没有讨论怎么处分他的问题，而且还主动上门找这位车间主任做自我批评，于是才算平息了这场风波，把这位车间主任挽留了下来。

二是善于归纳，举一反三。在工作中失误表现在方方面面，不同的失误有不同的教训，许多规律是可以摸索的，因此要善于归类分析，分块总结，找出共性。三是善于联想，把别人的失误当成自己的教训。“别人的教训对自己来说是间接的经验，一个高明的领导者应该时刻不忘在别人的失误中学到有益的东西，这也是一个成功的领导者所必备的良好素质。”①

(四)保持好的心态，增强领导者的廉政自制力

现在我国处于社会主义初级阶段，党的现行政策是允许一部分地区、一部分人通过诚实劳动和合法经营先富起来，现阶段相对的贫富、收入不平衡是为了增进社会生产者之间进行竞争，目的是为了使经济运行更有效率，通过先富带后富，最终达到共同富裕。

任何事物都有双面性，先富带后富，实现共同致富的策略，极大地增进生产力发展的同时，也造成贫富差距拉大。② 历史上产生并遗留下来的一些腐朽落后的东西，在今天的社会生活中依然有某些存在的条件。同时，市场经济的重利性、竞争性和等价交换原则，在某些方面冲击着无产阶级党性和价值观念。这些都必然反响到党内来，给一些领导干部造成一定的影响，在廉政勤政问题上形成复杂的心态。

第一，产生心态失衡，追逐盲目攀比。

一些领导干部不能正确对待先富与后富的关系，有的与个体户、大款、大腕比，甚至与某些搞以权谋私等不正之风的人相比，总觉得自己在物质利益上吃亏了。有的与自己的过去的同事、同学比，觉得他们不见得比自己辛苦，甚至能力、水平、文化也不如自己，为什么他们能富，出现了心态的不平衡。“当这种心态不平衡累积到一定程度，在领导干部心态层面上权和法、利和义的天平就必然倾斜，加之自制力较差，自觉不自觉地偏离党的准则，不严格按规章制度办事，不守规矩，甚至发生违法乱

---

① 颜维琦、王得平：《领导者如何面对失误》，《管理工程师》2002 年第 6 期。

② 《经常保持好的心态，增强领导者的廉政自制力》，《中国文秘》2006 年 4 月 10 日。

纪现象。”①

第二，寻求经济补偿，求得心理平衡。

有的领导干部随着权力的不断增大，在恭维声和赞扬声中很容易刚愎自用、居功自傲，甚至当个人的愿望和要求没有得到满足的时候，会觉得自己奉献大，可组织上给自己的太少而产生心理失衡，认为自己得到补偿理所当然，于是，“便将手中权力用来为自己捞取非法的私利，寻求经济补偿，求得自己阴暗的心理平衡。领导干部如果有这种心理，就很容易凭借手中的权力去为个人牟取私利。”②

我们中华民族有着五千年的文化传统，这其中既有精华，也有糟粕。而在这其中的“衣锦还乡”、“夫贵妻荣”的封建残余思想，至今在社会上仍然存在。比如有的领导干部临近退休年龄了，感觉到自己忙忙碌碌一生，也没有留下什么钱财，难以面对家人，就放松了对自己的要求，所以在退休之前想抓紧机会大捞一把，最后走上了犯罪的道路。红塔集团的褚时健就是一个典型的例子。“一个上缴税款几十亿的大企业，老总褚时健的工资才几千元，而且红塔集团从一个产值不到百万元的小企业发展为云南最大的企业，是在褚时健的一手努力下成长起来的。按理讲，他是功臣，但腰包不鼓，与一些比他差的个体企业家比，更是囊中羞涩，因而心态明显失衡，最终走上不应走的路。”③

在历史的长河中，人的生命是那么的短暂。有的人会流芳百世、有的人则遗臭万年？

人的欲望是无止境的，清朝有诗云：“终日奔波只为饥，方才一饱便思衣；衣食两般皆俱足，又思娇娥美貌妻；娶的美妻生

---

① 王益华：《保持良好心态，增强自制能力》，《中国铁通在线》2007年8月10日。

② 赵虎成：《加强自身修养，保持良好心态》，《机关家园》2008年8月12日。

③ 李季：《加强党性修养，提高综合素质，努力做一名合格的党员干部》，《政府信息公开》2009年8月17日。

下子，又思无田少根基；门前买下田千顷，又思出门少马骑；厩里买回千匹马，又思无官被人欺；做个县官还嫌小，要到朝中挂紫衣?”

改革开放的今天，高楼大厦，豪车美女、美酒佳肴、股票别墅、工资待遇，等等无不在诱惑着每一个领导干部的欲望。也就是在这样的诱惑下，有的领导干部放纵了自己，不知道欲海难填，最后只剩下对生命的欲望，甚至连想象的机会也没有了。胡长清等贪官正是如此。因此，在纷繁复杂的社会利益变动中摆正心态很重要。作为领导干部关键的问题就是要树立科学的理想信念和世界观、人生观、价值观，时时拿起扫帚清除自己思想中的尘埃，时刻保持清醒的头脑；要经常反思群众在我们心中占有什么位置，我们在群众心目中是什么形象，只要群众利益的砝码在心中重于一切，就能做到心不动于微利之诱，目不眩于五色之惑，构筑起牢固的思想道德防线。有一位领导干部说得好：“无私无欲，喜气洋洋，追名逐利，终日惶惶。”我们的每一位领导干部都应该始终保持这种健康平和的心态。

第三，寻机“捞一把”，亏欠心作祟。

现在，有的领导干部感觉到自己政治生命到头了，忙忙碌碌一生，也没有留下什么钱财，难以面对家人，就放松了对自己的要求，感到在退休之前要抓紧机会捞一把，不然就没有机会，最后走上犯罪的道路。

有的同志也许会觉得心态问题无非是情绪波动，没有什么大不了的。或者认为自己这么多年干过来了，应该靠得住，“留一半清醒留一半醉”，“跟着感觉走”，还不至于走到犯罪的道路。其实不然，原江西省副省长胡长清的人生越轨和演变过程就足以证实了这一点。

胡长清是一个农民的儿子，童年及求学期间家庭生活十分困难，为了补贴学费还挑篮赶集卖过胡萝卜。

20 世纪 60 年代末到 20 世纪 70 年代，胡长清先后入伍入党，参加工作。对此，我们还不能说他没有为党的事业奋斗的信念。

但“光宗耀祖”和“升官发财”的非无产阶级思想根深蒂固，党性严重不纯。

进入20世纪80年代，面对改革开放新形势下利己主义、拜金主义、享乐主义等西方资产阶级腐朽思想的冲击，胡长清开始分散工作和事业的精力了，悄悄地干起倒卖钢材、代销沥青等不法勾当，就这样“一切向钱看”的思想占了上风。

20世纪90年代后，特别是胡长清走上领导岗位以后，在权力、金钱、美色的诱惑下，理想信念彻底地崩溃了。胡长清在他的悔过书中写道：“回忆反省自己入党30年，用共产主义的理想去战胜非无产阶级思想的侵蚀太差……正确的没去占领，错误消极的东西就乘虚而入，产生思想的大崩溃，犹如脱缰的野马，一放而不可收拾，最终动摇理想，丧失信念。”心态不平衡，从本质上就是理想信念动摇了，正确的世界观、人生观、价值观动摇了。从这个意义上讲，领导干部如不摆正心态，也就无法做到廉洁自律。

如何才能在纷繁复杂的社会利益改变中摆正心态呢？作为领导干部关键的问题就是要树立科学的理想信念和世界观、人生观、价值观，做到“见贤思齐，见不贤而自省”。

第一，耐得住寂寞，挡得住诱惑。

领导干部在群众眼中是“官”，官与群众不一样。官可以说是万里挑一、千里挑一、百里挑一。既然标准高，你的觉悟也要比群众高。需知，“君子爱财，取之有道”，这是领导干部的基本品质，也是做人的基本准则。“作为领导干部必须解决的一个问题是，要从克服自己的盲目攀比心理做起，辩证地分析和看待先富与后富的关系，正确地对待社会变革时期的利益调整。只有这样才能自觉抵制各种错误意识的侵袭，耐得住寂寞，挡得住诱惑。”①

---

① 许力夫：《纪检监察干部要致力十个追求》，《江南论坛》2009年第9期。

春秋时期越国名臣范蠡的一段名言：“荣华美色，富贵功名，如耽幼童之戏耍，令人不思其返，耽功名者如文种，一命呜呼；耽仇怨者如勾践，郁郁而终……凡此种种，皆命中之迷象。不观，则废其华美，观之过甚，则废后继之景。人命苦短，吾苦于不能识天下美景。今吾历尽世事，吾之所求，惟心之安也……”也就是说，他是一个不为外像所迷惑的人，谁的美貌柔情，都概莫能外。

尽管经历了两千多年的不同的社会制度、文化的洗礼，但范蠡的这一段名言，对于现代人的思想仍然有着重要的教育意义。

近些年来，我国出现了为数不少的被“双归”的官员，他们位高权大，能够在某一领域“呼风唤雨”，面对“升官”的诱惑，他们不惜付出任何代价，贪污、受贿、行贿、挪用公款，只要能让自己在仕途上一帆风顺，他们往往费尽心思，最后却落了个丢官退党、妻离子散，甚至是锒铛入狱的下场。

“权力”的诱惑，在某种意义上也可以看成是“金钱”的诱惑。金钱可以使人成为奴隶，这样的“诱惑”，其实可比那利刃更可怕，稍不留神，这一辈子就完蛋了。在我国，为官之人毕竟是少数，因此与“权力”的诱惑相比，“金钱”与“色”就更显得大众化了。有多少人为了金钱而出卖了自己的理想、出卖了自己的信仰，甚至是出卖了自己的灵魂；又有多少人为了“色”而铤而走险，抛弃原配与孩子……

对此，领导干部都应该认真地算一算这笔账，经不起诱惑的下场，值不值？

第二，为人民办实事，留下清明政声。

领导干部一定摆正自己的位置，不能认为自己走上领导岗位了，可以用这“既得权”办不该办的事。如果说有既得利益，那是人民群众信任你，相信你能够在这个岗位上用手中的权力履行好社会责任，留下清明的政声。“一定要认识到手中的权力是为了要千方百计让群众富裕起来的，而不是让自己先富起来。只有自觉把个人理想融入到社会的共同理想中，千方百计为人民办实事、办好事，在广大群众生活水平提高的基础上，在党的政策范围内获取的利益才是正当的。”①

第三，超越、否定自我，留下精神财富。

在这个“给子女留点什么”问题上，我们共产党人一定要有超越自我、否定自我的勇气，正确对待和处理国事与家财的关系。对个人的名利看得开一些，把人民的期望、人民的利益时刻放在心里。“要看到虽然我们没有多少钱留给后人，但我们更不应该在金钱财富方面把持不住‘出了差错’而把阴影留给后人。我们注重的是给群众留下看得见摸得着的实惠，留下共产党人的美德、留下有益社会激励后人的富贵精神财富，这样我们才会以超越自我的社会成就感获得人生最美好的感受。”②

从这几年的党风廉政建设工作实践看，要使领导干部保持廉洁自律，组织上的教育、管理、监督是一个重要方面，加强自身的世界观改造，特别是努力克服不健康的心理障碍，保持平稳的心态，也是一个重要的方面。“物必自腐，而后虫生”。须知，“腐败总是从自我修养的腐化开始的，而这种自我修养的腐化堕落并非凭空产生，它是从心态的不平衡开始的，其产生与新形势下人们世界观、人生观、价值观的多元化选择紧密相关。”③

四、领导者的“个案研究法”

这是领导者围绕某一典型案例或领导环节，有针对性地进行深入研究的一种方法。这种研究方法，要求个案必须真实，可以是单一事件，也可以是连续事件。通过对某一典型案例或领导环

① 《反腐倡廉，贵在心态》，《两江论坛》2010 年 6 月 30 日。

② 《党员干部应该保持平常心》，《发展论坛》2010 年 7 月 12 日。

③ 《加强自身修养，保持良好心态，增强廉政自制力》，《秘书乐园》2008 年 10 月 7 日。

节的分析，将自己的领导实践上升到理性认识，为履行好所担负的岗位职责，尽力避免工作中的失误或少失误，打下良好的基础。

（一）个案研究法有利于对问题的深入分析

1. 由“一件事”引发的个案

大学生干部小王任职刚两年就提出转业了。对此部队团领导经过调研发现，小王学的是计算机专业，而且专业能力很强。然而，部队紧张的体能训练、频繁的专业考核，使他有力不从心之感，于是多次考评排在了最后。事实上，这并不是小王个人思想有多大的问题。对此团领导认为，提高地方大学生干部的工作积极性，关键是要提高其第一任职的能力。经过研究论证，机关拿出了解决方案，倡议3名士官与1名大学生干部结成对子，开展“1+3”帮学活动，收到了较好的效果。小王不但打消了转业念头，还在年终军事考核中获得了好成绩。

我们从小王这件事出发进行分析，就是军队的人才建设如何展开的问题。须知，这件事是有代表性的，既然如此，就应该抓住某一个案，通过深入细致的调查，逐步扩大思维领域，从多种角度系统地搜集有关研究对象的资料，才能找到解决问题的科学方法和途径。只有这样，才能使我们的人才建设取得良好的效果。鉴于此，在思想政治工作中运用个案研究的方法，应该提倡学习社会学、心理学、传播学等领域的知识，不断提高调查研究的能力。

诚然，领导干部只有具备很强的发现问题能力，才能掌握个案研究的主动权。在经济发展、社会转型、文化多元的大背景下，可以说影响官兵思想的因素已明显增多，“这就需要各级领导善于在纷繁复杂、瞬息万变的现实生活中，把握好官兵思想活动变化的脉络，同时‘沉’到战士中间去，时时留心，处处留意，从细微变化中发现其中带倾向性的问题，挖掘出具有典型意义的个案。”①

2. 由“一个人”引发的个案

在学校生活里，作为领导者会对某些特定的对象予以特别的关注，并产生进一步了解和研究的兴趣。这些人可能是一个学习困难的学生、也可能是一个有特殊天赋的学生、或者是一个本校的优秀教师。“通过对这些人物的研究，可以从中发现、体会和借鉴许多有益的、宝贵的教育、教学经验，如一种学习指导方法、一条教育原则、一种教学风格、一套管理措施等。”②

把一个人作为研究的对象，就需要对他有比较全面的了解，因此往往需要通过几件或一系列的事件来反映。由于人的活动和经历往往是丰富和复杂的，而个案研究受到主题和篇幅的限制，反映的事件并不是越多越详细越好。因此，“研究者还要依据一定的研究重点和研究对象的特点，选择较有代表性的典型事例来反映研究主题和研究结果。”③

教师在日常工作中，每天都身处在各种各样的教育情境之中，并由此逐渐积累了许多应对情境的策略和经验。这些教学经验是教师在长期的生涯中自然地、无意识地积累起来的，是经过不断尝试的结果。“教师的实践总结是对具体情境作的理性思考，是对所处的教育情境中的各种因素及其关系（包括教育的对象、条件、措施、效果等方面）的思考与权衡。经常的自觉的实践反思使零散的教育经验得到梳理，使教师经历了一个教育策略系统化的过程，从而提高自己的专业化水平。”④

---

① 贯继浩：《把个案研究运用到思想政治工作中》，《解放军报》2006年9月4日。

② 沈美华：《教育科研方法的新取向——教育叙事研究》，《语文新天地》2006年2月23日。

③ 张肇丰：《试说教师的案例研究》，《课程·教材·教法》2004年第8期。

④ 张肇丰：《叙事研究与案例研究的性质和应用》，《课程·教材·教法》2010年第2期。

其实，教师对实践情境进行回顾与思考，是触发案例研究的重要条件，也是案例研究内容和材料的主要资源。

在上海市闵行区的教育案例获奖者座谈会上，马志刚老师谈到了自己的体会：

“工作十几年来，我有多篇文章获省市级的奖励或在书籍、报刊中发表。这些文章都是自己多年工作经验的积累，帮了我大忙的就是我的教育日记。”“教育日记有很多的好处，一个人对教育的理解决定了我的教育工作的质量，而一个人对一件事物的理解需要思考，思考可以帮助一个人形成思想。教育日记，给自己一个思考的时间，让自己在忙碌中平静下来，把一天的心情梳理，把自己经历的事情重新思考，只有深刻的思考，才能给自己的行为以较为正确的评价，以利于今后的工作。”①

从马志老师是的回顾和思考可见，他之所以能够获得那么多的教学成果（论著获奖和发表），其中很重要的方面，在于他对教学过程的记录和对教学经验的积淀，这些为他撰写教育研究论著，无疑提供了强有力的依据，其论著的高质量也来源于此。所以，马志刚老师所走过的人生教育之路，很值得教育战线的领导和教师们效法，并在此基础上发扬光大

（二）领导者小心“反激励”

一家公司为了表扬获得“CEO 奖”的年度最佳员工，准备赠送双人美国来回机票。颁奖当天早晨，这位“最佳员工”并没有名副其实地看见“CEO”，甚至他的部门经理也没出现，给他颁奖的是他的直接主管领导，他所期待已久的奖品，是快递刚刚送到的。

在工作或生活中，我们常与这种令人不愉快甚或沮丧的事情相遇。主管想奖励部属、父亲想奖励儿子，出发点是正确的，却因为忽略了一些事情而造成了“反效果”。可想而知，一位优秀

① 马志刚：《教育日记伴我成长》，《上海教育科研》2004 年第 5 期。

的员工、职工，却可能因此遭受打击而失去工作的热忱，甚至会选择离开。

很多时候，“激励”与“反激励”只是一线之隔。很多人都曾为了主管弄巧成拙的反激励感到难过；然而，身为主管的领导却没有发现自己正在“激励不成反变成打击”。了

有这样一位表演大师，他在上场之前，他的弟子告诉他鞋带松了。大师点头致谢了，蹲下来仔细系好。等到弟子转身走后，他又蹲下来把鞋带解松了。有个旁观者看到了这一切，不解地问他：“大师，您为什么又要将鞋带解松呢？”大师回答道：“因为我饰演的是一位劳累的旅者，长途跋涉让他的鞋带松开，可以通过这个细节表现他的劳累憔悴。”这位旁观者又问：“那你为什么不直接告诉你的弟子呢？”大师回答道：“我的弟子能细心地发现我的鞋带松了，并且热心地告诉我，我一定要保护他这种热情的积极性，及时地给他鼓励，至于为什么要将鞋带解开，将来会有更多的机会教他表演，可以下一次再说啊。”

应该说，这位表演大师的辩证思维方式是很强的，即他能够透过现象看到这件事情的本质。这是我们日常生活中多被忽略的一件小事情，他却能琢磨出“我一定要保护他这种热情的积极性、及时地给他鼓励”的激励技巧；他若不这样做，自然也就达不到“保护他（弟子）这种热情的积极性”的目的，而成了事实上的“反激励”。

1. 多赞美少批评，找出具体事情

有些管理者认为，赞美和批评员工的比例应该平衡，1：1听起来是个公平的数字。但下面的例子却清楚地告诉我们，在工作上，赞美与批评1：1的比例可能行不通。

美国德克萨斯州的一家医疗机构里，曾经设计出一个激励点子：每年年初，员工会得到一枚代币，之后如果员工在工作上表现优秀，就可以赢取更多的代币；到了年底，员工可用手上的代币和主管换取奖品。这个看似不错的激励方法，却败在了公司规

定的“员工只要每犯错一次，就必须归还一枚代币”。可见看起来是拿走一枚代币，但对于员工的心理打击，主管需要说多少句赞美的话才能恢复员工的信心？因此一位管理学者提出，赞美与批评应该为5：1的原则。

其实赞美也有技巧，即赞美的内容要具体。如果你对员工只笼统的赞许，那么往往让人觉得缺乏诚意，就算是感谢团队“流血流汗地付出”，对团队成员来说，都是不痛不痒的。所以，千万别让自己成为只会大摇大摆的巡视，偶尔竖起大拇指、随口丢出一句“干得好”的主管，空洞的赞美不但无法感动任何人，反而带有瞧不起人的感觉，会让听的人觉得：“那家伙真的知道我在这里做什么吗？”

作为本单位的主管领导，如果能够站在同事的面前，花十分钟时间介绍一位员工的工作表现，而且介绍的内容具体、明确，那么员工肯定会感到自己已经受到了领导的注意和赏识。当然，身为主管领导若能做到这一点，对员工表扬前就要认真地回顾一下对方的具体成就，以及自己对其进行表扬。这样，就能为当事人创造一次感人的难忘回忆，同时对其他员工也会起到很好的激励作用。

2.“一视同仁”隐含着“反激励”

其实，激励是没有“一体通用”、“一个模样”的，领导者必须根据员工和职工的喜好和需求“量身定做”、“有所区别”，否则，根本达不到对职工激励的目的，由此必然影响到职工的工作热情，影响到企事业单位总体任务的完成。

作为单位的主管领导，在日常的工作和生活中，你一定要放下架子，走出自己的办公室，与你的职工一起聊聊天，说说话。不要只是待在自己的办公室里，或泡在会议、迎送的场合堆里，以自由放任的管理风格自居，而对部属在工作以外的生活却一无所知。事实上，领导干部只有透过近距离的接触，才能发现员工遭遇到什么难题了、对什么东西感兴趣了、什么事情做得很出色了。只有如此，也才能在激励员工的时候拿出“差别待遇”来，而不只是让员工感到自己和其他人没有任何的差别，结果被这种“一视同仁”的“反激励”搞得心情沮丧。

（三）如何与没主见的领导共事

第一，诚恳地尊重，真诚的合作。

应该说，领导自身无论强还是弱，但他毕竟是领导，至于在这个位置上是否适当、是否胜任，那是上一级组织的事情。这时，你若对其表现出轻视甚至鄙视的倾向，过不了多久，很可能与领导反应之间形成不愉快乃至矛盾，其结果不是自己受损就是至少两败俱伤。其实，“弱势的领导更需要得到尊重，只要你从内心深处尊重领导，领导哪怕水平差点但基本的判断能力和管理能力也还是有的，所以真诚的合作是必不可少的。”①

第二，多请示汇报，有意识加强。

现在一提“请示汇报”，就给划到“形式主义”一边了。事实上，“请示汇报”在管理学、领导学上是工作进程“必走的环节”。因为请示汇报的目的，是为了让领导了解我们工作的进度和取得成果情况，让领导知道我们的一切工作正在按照他当时决策的意见在正常地运转，这可以让领导更好地把握全局；同时，请示汇报也是下级对上级的尊重和认可的表示，对请示汇报者来说，这样做也让领导更多地了解自己的工作和品行，取得领导对你工作的信任。

第三，多提工作建议，以利领导决策。

由于比较缺乏主见的领导在分析判断问题的能力上不如许多强力领导，所以我们要代替领导做一部分决策性的研究和思考工作，然后向领导汇报这些依据、论证充分的建议及结论，并将全部思考内容和过程都展示在他面前，这样他也就能够做出正确判

---

① 《如何与缺乏主见的领导相处》，《点亮网》2007 年 4 月 24 日。

断和决策了。“这样一方面是你自己能力提升了，另一方面原来没有主见的领导也变得能够果断决策了，领导能快速决策了，那你的工作绩效也就同时跟着提高了，同时领导会发觉你这个下属非常尽心尽职、非常能干，跟你合作他非常愉快，他一有机会就有可能率先提拔你了。”①

第四，多看领导优点，做到“隐恶扬善”。

有一部分人刻意在公开场合评价甚或嘲弄自己领导的缺点，企图通过这种宣传方式降低领导威信。“但这些人忘记了另一个事实：一方面其实他自己也高明不到哪里去，甚至综合起来还不如被他嘲笑的领导，另一方面他这种十分露骨的恶劣行径严重破坏了他自己的形象，许多同事因此会看他笑话或对他心生恶感。”② 明智的人，在公开场合总是对领导的弱点视而不见，而且更多的是赞扬领导身上其他方面的优点。

须知，现实生活中的管理往往不是理想化的。从理论上来说，领导一定是各方面都最为优秀的人才担当，但实际上有比较明显的缺点甚或存有严重缺陷的领导也是不少的。那么，这些领导就什么也干不成吗？还不应这样说，“因为企业经营管理是团队合作，关键是要分析领导的优劣势和我们个人、团队的优劣势，根据每个人不同的特点调整工作方式和作业组合，最终也能达成企业想要达成的经营目标。”③

在某一城市的繁华地段，有一个食品厂，但因经营不善长期亏损。对此，该市政府领导拟将这家食品厂改造成一个副食品批发市场，这样既可以解决企业破产后下岗职工的安置问题，又方便了附近的居民。为此，进行了一系列前期准备，包括项目审

---

① 《管理者与弱势领导人沟通合作之道》，《图书馆》2010 年 10 月 24 日。

② 《案例：遇到没主见的领导怎么办?》，《中金在线》2010 年 1 月 7 日。

③ 《管理者与弱势领导人沟通合作之道》，《图书馆》2010 年 10 月 24 日。

批、征地拆迁、建筑规划设计等。可不曾想，外地一开发商已在离此地不远的地方率先投资兴建了一个综合市场，而综合市场中就有一个相当规模的副食品批发场区，足以满足附近居民和零售商的需求。面对这种情况，市政府领导陷入了两难境地：如果继续进行副食品批发市场建设，那么必然亏损；如果就此停建，那么前期的投入将全部泡汤。在这种情况下，该市政府盲目做出决定，将该食品厂厂房所在地建成一居民小区，由开发商进行开发，但对原食品厂职工没能做出有效的赔偿，使该厂职工陷入困境，该厂职工长期向上反映不能解决赔偿问题，对该市的稳定造成了隐患。

可以说，该市领导解决这一问题时是出于好心的，即考虑到了解决企业生产不景气的问题，同时又考虑到了为城市居民解决购物的问题，对企业职工也有一个比较好的安排，但作出决策比较仓促，没能充分考虑清楚问题涉及的各种因素，在决策失误时又进一步决策失误，由此造成了非常被动的工作局面，也给企业职工造成了不可挽回的损失。

如果我们用领导科学来分析，如何来看这一决策呢？

第一，脱离充分、及时、全面、有效的信息，决策就会陷入盲目的状态，难以自拔。

此案例，造成这种两难境地的主要原因是领导者没有很好地掌握信息。我们必须承认，信息是决策的基础，离开了可靠的信息是无法进行科学决策的。“该市政府领导在决定副食品批发市场项目之前，显然缺乏全面细致的市场调查，不了解在建的综合市场特别是其内部的副食品批发场区。”① 因此，盲目决策，匆忙上马，陷入困境。

第二，客观上，在事态已经发生了重大变化的情况下，不进行慎重分析和决定，将处于无路可走的境地。此案例，就是在“原有的决策目标无法实现时，要对原决策目标或方案进行根本

① 《问题分析与决策培训》，《文档信息》电子版，第5页。

性修订”①，结果没能认真分析，而是仓促作出新的决策。可见，在追踪决策上存在着明显的失误。

第三，在主观上，没有能够体现出“以人为本”的原则，倘若处理不妥，将会直接影响到社会的稳定。我们必须清楚，处理好人的问题是领导决策得以实现的关键所在。“如果仅从经济效益上考虑问题，而忽略了人的问题的解决，全然不顾人的思想工作，那么引起的社会问题和社会矛盾等可能会让政府付出更大的代价。”②

① 《管理案例之领导决策类》，2009年5月29日。

② 谭小芳：《决策管理培训资料》，《博锐管理在线》2010年8月10日。

要养成在研究状态下工作的习惯

领导者要养成在研究状态下工作的习惯，需要有一段较长的时间。按照巴甫洛夫的观点，习惯是条件反射长期积累、强化以至成为一种“动力定型”的结果。这就要求领导者时时、处处、事事以研究的心态去对待问题，以研究的目光去审视问题。

换句话说，就是领导者要自觉养成在研究状态下学习的习惯、用人的习惯、决策的习惯、管理的习惯。要通过反复抓、抓反复，逐步习惯在研究状态下工作，使自己逐渐成为一名能与时俱进的研究型、专家型领导者。

一、巴普洛夫的“动力定型”理论对人的积极意义

著名科学家巴普洛夫认为，习惯的生理基础是“动力定型”。一个外部刺激反复作用于机体，由于大脑系统化处理，形成一定的条件反射链路，能够依序不变地自动化完成，这就成为“动力定型”。

从此原理出发，我们看到很多日常生活中的现象，有人一边打毛衣，一边看电视，还一边唠家常；我们学会自行车以后，一边骑，一边到处东张西望；早上一起床，想也不用想就按部就班地涂牙膏、倒水、刷牙，下意识就做了。

有这么一家父子，都住在山上，天天都要赶牛车下山卖柴火。老父比较有经验，坐镇驾车，山路崎岖，弯道很多；儿子眼神比较好，总是在要转弯时提醒道：“爹，转弯啦!”有一次，父亲因生病没有下山，儿子一人驾车下山。到了弯道，牛怎么也

不肯转弯了，儿子用尽各种方法，下车又推又拉，用青草诱之，可这牛还是一动不动。这到底是怎么回事呀？此时，儿子百思不得其解。最后只有一个办法了，他左右看看无人，贴近牛的耳朵大声叫道："爹，转弯啦！"牛应声而动，立即转弯了。

此例说明：牛是用条件反射的方式活着的，而人则以习惯生活。人们在生活中养成的习惯、技能以及生活方式等等，在生理机制上都是"动力定型"的建立，使人几乎不需要花费多少脑力就条件反射性地完成它，以节约人的生理能量和精力。因此，它对人体有着重要的积极意义。一个成功的人知道如何以培养好的习惯来代替坏的习惯，所以好的习惯积累多了，也就自然会有一个好的人生。

"动力定型"具有稳定性，它是按固定程序进行活动的模式；但也具有灵活性，即它是综合的衍射模式，在条件改变时，能使"动力定型"更适合于客观条件的要求。一般地说，习惯一类的"动力定型"，稳定性较大、灵活性较少。技能一类的"动力定型"则灵活性比较大。"动力定型"在一定条件下形成，也可以在新的条件下加以改造或发展。

俄国著名教育家乌申斯基说："良好的习惯乃是人在其神经系统中存放的资本，这个资本不断地在增值，而人在其整个一生中享受着它的利息。"① 养成好的学习习惯，不仅会使你的学习更有意义和价值，而且会使你终生受益。"条件反射是习惯形成的基础，改掉原有坏习惯，形成一种新的好习惯，是重新建立一种新的条件反射的过程。重建的条件反射经过不断地强化和重复，就形成一种新的好习惯。而坏习惯最终也因得不到强化而逐渐消失，新习惯便取而代之。"②

---

① 刘雪琴：《浅议让学生在快乐中学数学》，《科学教育前沿》2010 年第 8 期。

② 蔡志娟：《学习习惯与条件反射》，《吉林省教育论坛》2010 年 6 月 21 日。

领导干部都要想养成一个好的学习习惯，为此，就应该做到：

第一，一定要坚决，说到就要做到。无论你想养成哪种好的习惯，都必须一开始就施以坚决强烈的力量。比如在学习上要养成按时复习的好习惯，决不能今天想起复习就看看书，明天想不起来就忘了。

第二，一定要坚持，一开始就施以坚持的力量。应该说，新条件反射形成的暂时神经联系在“定型”之前，总是不稳定的；而旧的反射形成的神经联系在彻底瓦解前，又总具某些回归的本能。“因而，学习习惯的养成与改变，在取得彻底胜利之前，不能有丝毫的懈怠。一直坚持到坏习惯彻底瓦解，好习惯根深蒂固的时候为止。”①

第三，你对所制定的目标，必须坚定不移地向前推进。每天朝着制定的目标去做，而且一定要认真地去做；待短期目标达成以后，可以回顾所取得的“成果”，再制订下一步的目标，以利再战。同时还要反复强化，使每一个好习惯彻底形成为止。

第四，一定要坚硬，才能战胜“旧我”实现“新我”。学习习惯的改变和养成，实际上是“用坚硬的态度和理智去终止原有的条件反射，建立新的条件反射”②，只有这样，才能养成良好的学习习惯。所以，你需要养成惜时专注、注意观察、勤思善问、循序渐进、持之以恒、标新立异的好习惯。

希望每一个领导干部都要养成良好的学习习惯，因为它受用于人生、受用于你所担负的工作、受用于国家的社会主义建设事业！

---

① 许苏琴：《四招养成好习惯》，《石家庄日报》，2007年05月31日。

② 李学英：《习惯与人生》，《文学教育》2006年第2期。

二、自觉养成在研究状态下学习的习惯

随着时代的发展和社会的进步，许多领导干部都能把学习当成一种精神追求，一种价值观念，一种思想境界，一种生活方式，养成了良好的学习习惯，提升了自己的理论修养，增长了工作才干。

可以说，中国特色社会主义事业能够造就今天的辉煌，与各级领导干部重视理论修养，认真刻苦学习是分不开的。但也不能否认，对于搞好理论武装、加强自身学习缺乏应有的危机感和紧迫感的领导干部也绝非个别。由于不重视学习，“有的领导干部认不清事物发展的客观规律，不能透过现象看本质，常常作出错误的决策，以致劳民伤财、贻误事业；有的领导干部思想不解放，工作不开拓，既落后于形势，又落后于群众，致使他所负责的那个地区、部门或单位长期处于被动落后的状态，缺乏应有的生机与活力；有的领导干部‘头重脚轻根底浅，嘴尖皮厚腹中空’，写文章没人看，作报告没人听，还时常弄出笑话来。”①

（一）习惯可以主宰人的一生

1978 年，75 位诺贝尔奖获得者在巴黎聚会。有人问其中一位：“你在哪所大学、哪所实验室里学到了你认为最重要的东西？”出人意料的是，这位白发苍苍的学者回答说：“在幼儿园。”又问：“在幼儿园里学到了什么呢？”学者答：“把自己的东西分一半给小伙伴们；不是自己的东西不要拿；东西要放整齐，饭前要洗手，午饭后要休息；做了错事要表示歉意；学习要多思考，要仔细观察大自然。从根本上说，我学到的全部东西就

① 鲍振东：《领导干部必须在学习型政党建设中当先锋作表率》，《党政干部文摘》2010 年第 5 期。

是这些。”①

我们把科学家们的看法概括起来，就是他们认为终生所学到的最主要的东西，是幼儿园老师给他们培养的良好习惯。英国唯物主义哲学家、现代实验科学的始祖、科学归纳法的奠基人培根，一生成就斐然。他在谈到习惯时深有感触地说：“习惯真是一种顽强而巨大的力量，它可以主宰人的一生，因此，人从幼年起就应该通过教育培养一种良好的习惯。”② 如果我们联系现实生活中的人和事，再仔细琢磨一下，就会越发感到那些科学家的话、培根的话确实包含着深刻的道理，尤其是在学习问题上，几乎对于每一个人都适用。于此，如果你想当一个贡献于社会、造福于人民的好干部，那么，就请你养成良好的学习习惯吧。

（二）对社会有建树者，无一不具有良好的学习习惯

进化论的创始人达尔文说：“我的生活过得像钟表的机器那样有规则，当我的生命告终时，我就会停在一处不动了。”③ 达尔文所说的“规则”，便是指良好的习惯，当然也包括学习习惯。马克思一生嗜书如命，读起书来可谓是孜孜不倦、废寝忘食。当有人问他“你最喜欢做的事是什么”的时候，他毫不犹豫地回答是“啃书本”。马克思为写《资本论》经常去大英博物馆查阅资料，几十年下来，竟然将他经常坐的座位下的水泥地用脚搓出两道沟。列宁一生酷爱读书。在马克思主义经典著作中，《列宁全集》是部头最大的。有人做过统计，《列宁全集》参考和引用过的书目就多达16000多种。④

---

① 《如何教育孩子成“仁”》，《当代健康报》2009年10月27日。

② 高德峰：《浅谈寄宿制学校的养成教育》，《读与写》·教育教学版，2010年第4期。

③ 《大学生应养成七种好习惯》，《长沙晚报》2006年6月8日。

④ 鲍振东：《领导干部必须在学习型政党建设中当先锋作表率》，《党政干部文摘》2010年第5期。

在革命战争年代，毛泽东带兵打仗，转战大江南北，行军时为了减轻负担，什么都可以不带，只有那些早已翻烂了的革命书籍从来舍不得丢掉，一有空闲他就拿出来研读；建国以后，他作为党和国家的主要领导人，日理万机，但无论怎么忙，每天都要挤出一定的时间读书看报。据有资料介绍，毛泽东外出视察工作，人未登车，书箱已先上车了。他登车后，或躺或坐，抓起书就看，一路书不离手。就连吃饭、开会、游泳前后，甚至上厕所的片刻时间也在读书。他与保健医徐涛谈话时曾引用古学者的话："吾生也有涯，而知也有涯。以有涯逐无涯，殆已。"其意是说我们一生啊，这是有边的而知识是没边的。你拿那有限的生命追那无限的知识，到死为止，你也是追不上的。因此，就要抓紧一切时间读书啊。在 82 岁高龄、患白内障双目失明的情况下，还找人来为他念书。他手术后视力稍有恢复，又继续手不释卷。直到心脏停止跳动的前几个小时，虽然已无力说话，却还示意工作人员给他读书，当他听到满意的内容时，脸上还露出了微微的笑容。

邓小平、江泽民、胡锦涛在读书学习上，也都堪称楷模。这可以从他们精湛的治国理政的谋略中，从他们旁征博引、鞭辟入里的讲话和著作中，足以得到验证和说明。

（三）一心向学习惯一旦养成，你就会把事物都与学习联系起来

一心向学的习惯，是所有学习习惯中最重要的习惯。具有一心向学习惯的知识分子、领导者，在看书看报看电视乃至做一切事情时，都能把注意力的"光圈"调到与学习相关的"目标"上去，大多倾向于看与自己所从事的业务相关度大的内容。教育改革家魏书生先生曾经讲述过一段他亲身感受的故事。

在机场候机室里，广播里传出了飞机因故迟飞两小时的消息。一般乘客心急如焚，怨声迭起；而魏老师则心静如水，同平

时在办公室里一样，利用这两个小时构思文章。有一心向学习惯的人，通过这种日积月累，时间转化成了知识，知识转化成了智慧，逐渐形成了优势。①

实践表明，一心向学的人的头脑是有准备的头脑。“同样是水壶，普通人烧出的是开水，而瓦特却烧出了蒸汽机；同样是手被草叶子拉破了，普通人只会想到埋怨草的无情和自己的粗心，而鲁班却想到了发明锯；同样是看到苹果从树上掉下来，果农见了只感到心疼，而牛顿却由此发现了万有引力定律。”② 他们之所以研究成就卓著，就是因为具有一心向学的优秀品质。

（四）认真思考的学习习惯，有利于培养人的发现和创造能力

第一，有利于对书本知识批判地吸收。

在读书时，不论是业务知识还是思想观点，都能批判地吸收，正确的予以肯定吸收，错误的加以扬弃。

明代有一位医生给病人开了一服药，并关照说，在煎时加一块“锡”。一位叫戴元礼的医生听了后狐疑顿起，赶去询问。那位医生翻开书说：“书上是这样写的嘛!”戴元礼仍疑云未消，找了很多书对照，发现“锡”乃“饧”字之误，前者为重金属，后者为糖。从而纠正了医学上的一大错误。可见，思考对于批判地吸收别人的东西是何等重要。③

第二，通过思考可以激发灵感，从而有所发明、有所创造。

科学家爱因斯坦，凭着“怀疑一切”的精神，提出了划时代的“光量子”概念，创立了相对论。我国明代医药学家李时珍，读书善于思考。在研究古书时，发现诸家说法不一、相互矛盾之

---

① 迟雅：《养成良好的学习习惯》，《中华励志》2008 年 9 月 14 日。

② 《培养良好的学习习惯》，《国旗下讲话稿精彩 38 篇》，《图书馆》2010 年 5 月 1 日。

③ 何成林：《新课程背景下如何构建学生的良好语文学习习惯养成》，《新思考》2006 年 8 月 19 日。

处甚多。他决定“采其精华”，“正其谬谈”，使之“是非有归”。经过深入实际考证研究，为1000多种药物重新做出了科学结论。他在《本草纲目》中还增辑了新药300多种，新方8000多剂。[①]

（五）“见博则不迷，听聪则不惑”

第一，“见博则不迷，听聪则不惑”。

这句话出自《牟子》。意思是：善于观察的人，就不会被某种事物所迷惑；听觉灵敏的人，就不会上当受骗。

在由计划经济体制向社会主义市场经济体制转变面前，有些同志手足无措，不知如何驾驭、引导市场；中国加入WTO以后，有些同志也感到茫然，不知道怎样抓住机遇，积极应对，趋利避害，发展自己。特别是面对机构改革、人员分流，有些同志如坐针毡，唯恐自身的本领、能力不能适应新的岗位、新的环境。随后，“实行依法治国、依法行政，有些同志也心里发憷，生怕自己不懂法，一不小心干出违法的事情来；实行办公自动化，添置现代化设备，有些同志也有惶恐之感，怕自己这方面的知识和技能不够，掌握不了信息技术，难以适应信息化的要求……”[②] 如果不学习、不思考、不求索，那么就什么事情也做不了、做不成。因而，各级领导干部必须面对新形势新任务，带着问题勤于学习、勤于思考，走出“本领恐慌”的困境。

学习是新时期领导者提高素质素养的需要。古人云：“大木百寻，积根深也；沧海百仞，众流成也；渊智洞达，累学之功也。”[③] 寻、仞：古时长度单位。渊知：知识渊博。达洞：透彻了解。意思是说：参天大树靠深根滋养，无边大海是众流汇成，渊博学识则凭日积月累的学习。事实上，历史知识、理论知识、

---

① 《新课程背景下如何构建学生的良好语文学习习惯养成》，《天天家教》2010年2月26日。

② 《“船与桥”：领导方法18篇》，《新华网》2006年3月25日。

③ 引自王加兵：《必然，从偶然中积聚》，《南湖晚报》2006年6月25日。

科学文化知识，对领导者的素质有极强的塑造功能。如果领导干部胸无点墨、不学无术，那么，根本就谈不上什么影响力、凝聚力、感召力。英国哲学家培根指出，“读史使人明智，读诗使人灵秀，数学使人周密，自然哲学使人精邃，伦理学使人庄重，逻辑修辞学使人善辩”。这是“因为书中不同的生命方式，搜索着和激发着与之对应的人的生命潜能，读书也就成了在字里行间发现自我、丰富自我、调节自我的心理过程。”① 由此可见，一个领导者读的书越多，掌握的知识越多，并善于应用，其思想就越解放，眼界就越宽广，胸襟就越开阔，就会增强工作的原则性、系统性、预见性和创造性，就会更加富有影响力、凝聚力和感召力，就会在你的工作岗位上不断建功立业。

第二，善于倾听，才是成熟领导者最基本的素质。

理查德·尼克松说：“领袖不仅应该学会如何说话，而且同样重要的是，要学会如何沉默。”② 卡莱尔曾说过：“沉默乃是创造伟绩的因素。”③ 戴高乐尖锐地指出，沉默可以成为领导人手中强有力的工具。同样，我们能在倾听别人讲话时，而不是在自己侃侃而谈时学到东西。”

善于倾听是“无字之书”，这种知识来自于实践和群众之中。领导干部切不可忽视这方面知识的获得。因为它既是改进领导干部缺点和不足、树立良好风气的重要内容，又是有效开展工作的重要切入点。

“知屋漏者在宇下，知政失者在草野。”认真倾听群众的意见和呼声，是了解社情民意、衡量为政得失的有效途径。周朝就设有专门的采诗官，即他们常年巡游各地采集民间歌谣，从中体察风俗民情，考察朝政得失，《诗经》中的大部分诗歌即出于此。

---

① 《杨义长篇演讲：读书的启示》，《光明日报》2006 年 9 月 15 日。

② ［美］理查德·尼克松著；尤勰、施燕华等译：《领导者》，世界知识出版社 1983 年 10 月版，第 385 页。

③ 英国著名作家哲学家。

"当然，今天的情况同古代大不相同了，但为政者需要倾听百姓意见和呼声，这一点并没有改变。以全心全意为人民服务为根本宗旨的各级领导干部，更有必要经常问一问自己，对群众的意见和呼声倾听了没有，听出了什么，又做了些什么。"①

人民群众是历史的创造者，是时代的主人，所以我们党所做的一切都是为了人民。只有在感情上与人民群众融为一体，在思想上才能与人民群众产生共鸣。群众生产、生活中遇到的困难是具体的，解决起来费心费力；只有对人民群众怀有深厚的感情，工作起来才会有巨大的动力，尽到"公仆"之责。焦裕禄、孔繁森等党的优秀领导干部，时刻把人民群众的冷暖放在心上，他们深入基层工作和百姓之中，通过为群众排忧解难的具体行动，把党和政府的温暖送到群众心上，从而密切了党群关系、干群关系。因此，领导干部应善于从群众的意见和呼声中听出责任和义务，应该认识到当前状况同人民群众愿望之间的差距，把人民群众的意见和呼声当作改进工作、转变作风的依据，做到"耐心听意见，认真思不足，一心谋发展"，努力创造一流业绩，不断为人民群众带来实实在在的利益。

曾经有个小国的人到中国来，向中国进贡了三个一模一样的金人，皇帝看了很高兴。可是，这个小国的人不厚道，同时出了一道题目：这三个金人哪个最有价值？皇帝想了许多办法，请来珠宝匠检查，称重量，看做工，验得都是一模一样的，并没有看出什么破绽来。

怎么办呢？使者还等着回去汇报呢。泱泱大国，不会连这个小事都不懂吧？最后，请来一位退位的老大臣。皇帝将使者请到了大殿，老臣胸有成竹地拿着三根稻草，插入第一个金人的耳朵里，这稻草从另一边耳朵出来了。第二个金人的稻草从嘴巴里直接掉出来，而第三个金人，稻草进去后掉进了肚子，什么响动也

① 《领导干部要善于倾听群众的意见和呼声》，《人民日报》2007 年 3 月 2 日第 9 版。

没有。老大臣说：第三个金人最有价值！使者默默无语，答案正确。

这个故事启示我们：最有价值的人，不一定是最能说的人。老天给我们两只耳朵一个嘴巴，本来就是让我们多听少说的。善于倾听，才是成熟的人最基本的素质。

三、责任在肩，正确审视自己的能力和水平

国学大师梁启超曾说过，“人生于天地之间，各有责任。一家之人各个放弃其责任，则家必落；一国之人各个放弃其责任，则国必亡。”因此，每一位领导干部都应该把责任当作追求，当作事业，只有如此，我们的国家和民族才会强大。

作为新时期的领导干部，必须正确地审视自己的能力和水平，树立切合实际又不失高远的人生目标。对党员领导干部而言，要锤炼对党忠诚的道德品质，把忠于党、忠于人民、忠于事业看得重一等、严三分，始终摆到重要位置。“每位领导干部都要把工作作为担当责任的载体，而不应该作为追逐名利的砝码，把工作当做事业，作为实现人生价值的平台，在为人民谋利益、为发展做贡献和干事创业中实现理想和抱负。”[①] 为此，就要正确地对待自己，加强党性修养和作风建设。古人曰：“知天知地知彼易，然知己难。”老子也讲“知人者智，知己者明。”知己难，正确对待自己更难。事实表明，以正确的心态对待自己，就会不断克服挫折、奋发有为；以消极的心态对待自己，只会辜负组织，自误前程。[②]

---

① 黄进良：《切实加强自身建设，努力提高工作水平》，《中国桃江》2009 年 5 月 15 日。

② 《树立“新三观”领导干部要坚持五个正确对待》，《中华企业文化》2009 年 3 月 27 日。

四、领导者应该养成“潜水”的习惯

何谓“潜水”？领导者深入到基层与职工沟通，了解工作一线的真实情况，这在美国企业被称之为“潜水”。海尔集团首席执行官张瑞敏说过，“海尔取得今天的成就，很重要的一个原因就是企业领导者经常‘潜水’”。

了解大海的人都知道，在水面上看大海，只是平平坦坦。但潜入到海底，就会发现水面下掩藏着狰狞的暗礁和凶猛的暗流。因此，“水上行船，一定要了解水下情况，否则就可能翻船出事。经营企业也如海上行船一样，企业领导者成功的计划要靠基层职工成功的执行才能取得最后的成功。”① 也就是说，如果领导者不能经常深入到基层单位，了解和掌握企业一线的生产情况以及职工的思想状态，那么，就可能出现已经出台的计划与计划执行过程相脱节的问题。根据资料显示：海尔集团的领导者们经常会不打招呼地突然来到公司的一个生产车间或者商场，发现了很多真实的情况，其中有一些是比较严重的问题，而且是平常想不到的问题。如果领导者不经常深入下去，怎么能够发现这些问题呢？发现的问题得不到及时解决，企业的经营就有可能陷入危险的境地。

根据报载，国内某一企业开展领导者到班组“当一日操作员”的活动。其主要原因，是这个厂的食堂伙食搞得不太好，对此职工们的意见很大，可厂领导却一直不知实情，直到厂长到班组“当一日操作员”时才发现并开始着手解决这个问题了。首先，企业职工吃不好饭，工作中怎么会有良好的精神状态？如果职工的精神状态不佳，那么将直接影响到企业的经济效益。其

① 王卫：《企业领导应该养成“潜水”习惯》，《HRM人力资源管理系统》2003年3月13日。

次，如果企业对职工的服务与爱护不到位，那么，职工对企业的忠诚与奉献又从何谈起呢？类似这样的问题，如果领导不“潜水”下去，只在办公室里看文件、开会，往往是很难发现工作一线存在的问题。美国著名企业管理大师德鲁克曾说，不管信息发达到何种程度，也代替不了管理者的亲身感受。因此，企业要在市场竞争的大海中生存和发展，企业领导者就应该养成“潜水”的良好习惯。

五、领导者应“懂得做人”，“经营健康”

第一，懂得做人，真诚地欣赏他人的优点。

因为你会做人，所以别人喜欢你，才愿意与你共事、合作，这样才容易成事甚或成大事。怎么让别人喜欢自己呢？优秀的领导者要习惯于能真诚地欣赏他人的优点，对人诚实、正直、公正、和善和宽容；同时对他人的生活、工作表示深切的关怀。

同时，成功的领导者也是具有超常的“自制”品质。可以说，具有高度的自制力是一种最难得的美德。热忱是促使你采取行动的重要原动力，而自制力则是指引你行动方向的平衡轮。在管理活动实践中，一个有能力管好别人的人不一定是一个好的领导者，只有那些有能力管好自己的人才能成功。这几乎成了领导学中的一条定律。

台湾省著名企业家张忠谋在黑金横行的社会大环境之下，依然从来不走后门、不走政商关系，更拒绝钻法律漏洞，赢得企业界和民众的极大尊重，政府的官员也因此从来不敢故意刁难他的企业。由此可见，品德高尚是成功之本。

深圳万科总裁王石 1992 年时，针对一些房地产开发商低于 40% 的不做的暴利心态，提出万科“高于 25% 的利润不做”的口号，如今万科还健康地活着，当年众多追逐暴利的企业则大部分已经死掉了。

正因为一个领导者、经营者具有了真诚为人、勇于自制的高尚品格，他才赢得了合作者和职工的拥戴。其实，一个企业领导人的梦想不管如何伟大，假如没有拥戴者的认同与支持，其梦想仍然只是梦想。当然，赢得拥戴者的前提则是，认同并找出与他们共同的渴望；确切些说，是共同的目标使然。

第二，经营好家庭、健康，保障你经营的事业兴旺发达。

比较完美的领导者十分注重家庭，因而他们常把家庭比作登山的后援营地。他们在筹备后援营地（家庭）上所花的时间，绝不能少于实际登山，即干事业的时间，因为他们的生存、登山的高度，常常与后援营地是否牢固和存粮是否充足有着密切的关系。所以，这些领导者也懂得，全面的成功才算真正的成功，他们往往在干事业的同时，能够兼顾家庭，珍惜幸福的婚姻。

许多立志要成功但最后壮志难酬的企业领导人，往往是因为不能战胜一个最大的敌人，这个敌人就是自己不健康的身体。美国管理界流行着一个观点：不会管理自己身体的人亦无资格管理他人，不会经营自己健康的人就不会经营自己的事业。

爱默生曾说过："健康是人生第一财富。"① 事实也的确如此。健康是过幸福生活的第一步。只有身体健康，才能得到幸福，只有身体健康，才能做好工作。

在日常生活中，我们时不时地就会在媒体上发现过劳死的现象。比如，2005 年 4 月 8 日，54 岁的爱立信（中国）有限公司总裁杨迈由于心脏骤停而突然辞世；2005 年 4 月 19 日，60 岁的麦当劳公司首席执行官吉姆·坎塔卢波因病猝死。其实，他们不是不知道健康的重要，而只是为了他们自认为的更重要的事情而牺牲了身体健康。

事实表明，现在死亡率最高的人群不是穷人也不是难民，而是 30 至 50 岁的职业经理人！他们创造了大量的社会财富，却丢失了自己最宝贵的财富——生命！

---

① 《潮州日报》2010 年 9 月 21 日。

没有了生命，一切都是枉然。无论是为一日三餐奔波的平民百姓，还是星光耀眼的成功人士，健康都是其幸福生活的基本保证。最基础的往往是最容易被忽视的。很多时候我们都对健康很漠视，直至失去之后，才亡羊补牢，悔之晚矣！

有的人形容说“身体好比一座花园，只有细心地照料才能让它生机盎然”。对此，日本三井物产集团概括了成功的三个要素：一是强健，二是弹性，三是感情。无疑，这里的强健首先就是指身体的强健。有了强健的身体做后盾，工作起来才能精神抖擞、意气风发；生活起来才能活力无限、快乐无比。

英国首相布莱尔从中学时代开始就活跃在运动场上了。他是一个相当出色的校橄榄球队的队员，还当过校板球队的队长，以后又喜欢上了篮球和网球。直到现在，布莱尔仍在定期游泳、打网球、上健身房。每到周末，布莱尔夫妇就会带着 4 个孩子到位于伦敦郊外的一座 16 世纪的古堡，呼吸乡野的清新空气。有时，布莱尔一家就在这里同保镖们摆开架势，展开一场别开生面的家庭足球大赛。当他们踢得满身大汗之时，又一同跳进露天游泳池里游个痛快。布莱尔曾说，我现在的身材跟大学刚毕业时一样标准。

你说，首相的工作不可谓不繁忙吧？但布莱尔始终热爱运动。运动不仅让他拥有健康的身体，也让他尽享生活的情趣。因此，不要以“忙”为借口而忽视健康。关键不在于你从事何种工作，而在于你对健康问题取什么态度。

总之，一个领导者养成好习惯，不是一朝一夕的事情，也正是这些好习惯的坚持成就了一些出色的领导人才。

主要参考文献

1.［美］谢尔·利思著；毛乐译：《跟奥巴马学领导》，北京，科学出版社，2010。

2.［美］戴安娜·布赫著；刘皎译：《卓越有效的沟通》，北京，电子工业出版社，2009。

3.［美］理查德·尼克松著；尤勰、施燕华等：《领导者》，北京，世界知识出版社，1983。

4.［美］哈罗德·孔茨、西里尔·奥唐奈著：《管理学》，贵阳，贵州人民出版社，1982。

5.［美］约翰·杜威著；姜文闵译：《我们怎样思维·经验与教育》，北京，人民教育出版社，2005。

6.［美］凯勒曼·编；林颖等译：《领导学：多学科的视角》，上海，上海人民出版社，2008。

7.［美］约翰·科特著：《总经理》，北京，华夏出版社，1997。

8. 万良春主编:《领导科学案例新编》，北京，中国经济出版社，2006。

9. 方道编著:《领导者必备22种能力》，北京，中国致公出版社，2007。

10. 陈树文著:《卓越领导者的智慧》，北京，清华大学出版社，2009。

11. 和仁著:《领导做人做事之道》，西安，西北大学出版社，2006。

12. 余世维著:《赢在执行》，北京，中国社会科学出版社，2005。

13. 刘峰著:《管理创新与领导艺术》，北京，北京大学出版社，2008。

14. 肖龙著:《管人不如管环境》，北京，北京大学出版社，2007。

15. 刘建军著:《领导学原理—科学与艺术（第二版）》，上海，复旦大学出版社，2005。

16. 张俊华著:《教育领导学》，上海，华东师范大学出版社，2008。

17. 严欢著:《松下幸之助为人之道》，北京，北京燕山出版社，2008。

18. 姚巧华编著:《人性化管人制度化管事》，北京，中国华侨出版社，2010。

19. 徐德军编著:《领导力决定竞争力》，北京，当代世界出版社，2009。

20. 赵静伟著:《智慧改变命运》，北京，当代世界出版社，2009。

21. 武军著:《别掉进忧虑的陷阱》，西安，陕西师范大学出版社，2005。

22. 牛洪著:《解放军带兵艺术与领导之道》，北京，企业管理出版社，2008。

23. 孙郡锴著:《做人，用人，管好人》，北京，中国华侨出版社，2010。

24. 孟庆春著:《毛泽东的领导艺术》，北京，红旗出版社，2009。

25. 孟庆春著:《周恩来处理矛盾》，北京，中央文献出版社，2003。